聖 經 筆 寫

성 경 필 사

第 四 卷 ㊤

撒母耳記上 20-31 장
撒母耳記下 01-24 장
列王紀上 01-04 장

聖經筆寫協會 著: 柳賢授

서 문 (序文)

필사와 필기의 개념을 먼저 생각을 하려고 합니다.

필사는 말 그대로 글자 위에 글씨를 따라 그리는 형태를 말하고 필기는 글을 받아 적거나 글을 보고 백지면 위에 글씨를 쓰는 형태를 말합니다.
이 책은 제목처럼 필사입니다.

처음에는 모방을 하는 듯 하지만 시간이 지나면서 인내심도 깊어지고 악필이라고 하는 난필을 교정하고 오랜 시간이 지나면 자신도 모르는 사이에 자신만의 필체를 만들어가며 생활에서 마음 속 깊이 자부심이 심어지고 인내심과 정신력이 깊이 향상되어 가고 있는 것을 깨닫게 될 것입니다.

혼자서 필사를 하려고 하다가 같이 필사를 해야겠다는 생각을 하고 준비를 했습니다.

도서출판 보혜 드림

四卷㊤目次
사 권 목 차

撒母耳記上
살 모 이 기 상

第二十章
제 이 십 장

삼상20:1

大衛自拉瑪
대 위 자 랍 마

之拿約遁、
지 나 약 둔

詣約拿單、
예 약 나 단

言曰、
언 왈

我何所爲、
아 하 소 위

有何過惡、
유 하 과 악

干何罪戾於爾父前、
간 하 죄 려 어 이 부 전

致索我命、
치 색 아 명

삼상20:2

約拿單曰、
약 나 단 왈

不然、
불 연

爾必不死、
이 필 불 사

我父所爲、
아 부 소 위

事之巨細、
사 지 거 세

無不示我、
무 불 시 아

豈獨隱此於我、
기 독 은 차 어 아

無是事也、
무 시 사 야

삼상20:3

大衛誓曰、
대 위 서 왈

爾父明知我蒙爾恩、
이 부 명 지 아 몽 이 은

故曰、
고 왈

勿令約拿單知之、
물 령 약 나 단 지 지

恐其憂戚、
공 기 우 척

然我指維生之
연 아 지 유 생 지

耶和華、
야 화 화

及爾生命而誓、
급 이 생 명 이 서

我離死地、
아 리 사 지

僅一步耳、
근 일 보 이

삼상20:4

約拿單曰、
약 나 단 왈

爾心所欲、
이 심 소 욕

我必爲爾行之、
아 필 위 이 행 지

삼상20:5

大衛曰、
대 위 왈

明日月朔、
명 일 월 삭

我當侍王宴、
아 당 시 왕 연

容我匿於田、
용 아 닉 어 전

越至三日之夕、
월 지 삼 일 지 석

삼상20:6

如爾父見我不在、
여 이 부 견 아 불 재

可言大衛切請於我、
가 언 대 위 절 청 어 아

許其趨歸伯利恆
허 기 추 귀 백 리 긍

故邑、
고 읍

蓋其全家獻
개 기 전 가 헌

歲祭於彼、
세 제 어 피

삼상20:7

如爾父言善、
여 이 부 언 선

則爾僕得安、
칙 이 복 득 안

如其震怒、
여 기 진 노

可知其決意害我、
가 지 기 결 의 해 아

삼상20:8

昔爾使僕指耶和華、
석 이 사 복 지 야 화 화

與爾盟約、
여 이 맹 약

故當以仁慈待我、
고 당 이 인 자 대 아

如我有罪、
여 아 유 죄

爾自殺我、
이 자 살 아

何攜我詣爾父乎、
하 휴 아 예 이 부 호

삼상20:9

約拿單曰、
약 나 단 왈

決不爲此、
결 불 위 차

我若確知我父
아 약 확 지 아 부

決意害爾、
결 의 해 이

豈不以告、
기 불 이 고

삼상20:10

大衛曰、
대 위 왈

如爾父以厲言叱爾、
여 이 부 이 려 언 질 이

誰以告我、
수 이 고 아

삼상20:11

約拿單曰、
약 나 단 왈

爾來、
이 래

偕往於田、
해 왕 어 전

二人遂往、
이 인 수 왕

삼상20:12

約拿單謂大衛曰、
약 나 단 위 대 위 왈

願以色列之祇上帝
원 이 색 열 지 천 상 제

耶和華爲證、
야 화 화 위 증

明日此時、
명 일 차 시

或至三日、
혹 지 삼 일

我窺我父於爾、
아 규 아 부 어 이

若有善意、
약 유 선 의

豈不遣人示爾乎、
기 불 견 인 시 이 호

삼상20:13

我父若欲害爾、
아 부 약 욕 해 이

我不示爾、
아 불 시 이

使爾安然而去、
사 이 안 연 이 거

則願耶和華罰
칙 원 야 화 화 벌

約拿單維倍、
약 나 단 유 배

惟願耶和華偕爾、
유 원 야 화 화 해 이

如昔偕我父然、
여 석 해 아 부 연

삼상20:14

爾當以耶和華之
이 당 이 야 화 화 지

仁慈待我、
인 자 대 아

不第在我存日、
불 제 재 아 존 일

免我死亡、
면 아 사 망

삼상20:15

厥後耶和華殲
궐 후 야 화 화 섬

大衛諸敵於地時、
대 위 제 적 어 지 시

亦勿絕爾仁慈
역 물 절 이 인 자

於我家、
어 아 가

歷世靡曁、
력 세 미 기

삼상20:16

約拿單遂與大衛
약 나 단 수 여 대 위

家盟約曰、
가 맹 약 왈

不守此約者、
불 수 차 약 자

願耶和華於大衛
원 야 화 화 어 대 위

之敵討之、
지 적 토 지

삼상20:17

約拿單愛大衛、
약 나 단 애 대 위

如愛己命、
여 애 기 명

故使之復誓、
고 사 지 복 서

삼상20:18

謂之曰、
위 지 왈

明日月朔、
명 일 월 삭

爾虛其位、
이 허 기 위

人必見之、
인 필 견 지

삼상20:19

越至三日、
월 지 삼 일

爾必速往、
이 필 속 왕

至昔相議之時、
지 석 상 의 지 시

爾所匿跡之處、
이 소 닉 적 지 처

俟於以色石旁、
사 어 이 색 석 방

삼상20:20

我將射三矢於其側、
아 장 사 삼 시 어 기 측

佯欲射的、
양 욕 사 적

삼상20:21

命童取矢、
명 동 취 시

如曰矢在此、
여 왈 시 재 차

可取之來、
가 취 지 래

我指維生之耶和華
아 지 유 생 지 야 화 화

而誓、
이 서

爾必平安無害、
이 필 평 안 무 해

삼상20:22

如我謂童曰、
여 아 위 동 왈

矢在彼、
시 재 피

則行爾途、
칙 행 이 도

乃耶和華使爾去也、
내 야 화 화 사 이 거 야

삼상20:23

至於爾我所言之事、
지 어 이 아 소 언 지 사

耶和華恆在爾我間爲
야 화 화 긍 재 이 아 간 위

證、○
증

삼상20:24

大衛匿於田、
대 위 닉 어 전

月朔王席坐、
월 삭 왕 석 좌

삼상20:25

如常附牆而坐、
여 상 부 장 이 좌

約拿單侍立、
약 나 단 시 립

押尼珥坐於掃羅側、
압 니 이 좌 어 소 라 측

大衛之位虛焉、
대 위 지 위 허 언

삼상20:26

是日掃羅無言、
시 일 소 라 무 언

意大衛遇事、
의 대 위 우 사

或蒙不潔、
혹 몽 불 결

必不潔也、
필 불 결 야

삼상20:27

翌日乃月之二日、
익 일 내 월 지 이 일

大衛之位仍虛、
대 위 지 위 잉 허

掃羅謂其子約拿單
소 라 위 기 자 약 나 단

曰、
왈

耶西之子、
야 서 지 자

昨日今日不赴宴、
작 일 금 일 불 부 연

曷故、
갈 고

삼상20:28

約拿單對曰、
약 나 단 대 왈

大衛切求於我、
대 위 절 구 어 아

許其往伯利恆、
허 기 왕 백 리 긍

삼상20:29

曰、
왈

請容我往、
청 용 아 왕

家有祭祀於邑、
가 유 제 사 어 읍

兄命必至、
형 명 필 지

如沾爾恩、
여 첨 이 은

請容我往、
청 용 아 왕

見我諸兄、
견 아 제 형

故未赴王宴、
고 미 부 왕 연

삼상20:30

掃羅怒約拿單曰、
소 라 노 약 나 단 왈

頑梗悖逆之婦所生
완 경 패 역 지 부 소 생

者、
자

我豈不知爾簡耶西之
아 기 불 지 이 간 야 서 지

子、
자

致辱爾身、
치 욕 이 신

及母體乎、
급 모 체 호

삼상20:31

耶西之子在世、
야 서 지 자 재 세

爾與爾國、
이 여 이 국

必不堅立、
필 불 견 립

今當遣人執之詣我、
금 당 견 인 집 지 예 아

彼必死、
피 필 사

삼상20:32

約拿單謂父曰、
약 나 단 위 부 왈

何故致之於死、
하 고 치 지 어 사

彼何所爲、
피 하 소 위

삼상20:33

掃羅擲戟欲刺之、
소 라 척 극 욕 자 지

於是約拿單知父決意
어 시 약 나 단 지 부 결 의

殺大衛、
살 대 위

삼상20:34

則忿然離席、
칙 분 연 리 석

月之二日不食、
월 지 이 일 불 식

因其父辱大衛、
인 기 부 욕 대 위

而爲之憂也、○
이 위 지 우 야

삼상20:35

詰朝、
힐 조

約拿單依前與大衛所
약 나 단 의 전 여 대 위 소

約之時、
약 지 시

出於田、
출 어 전

一童偕之、
일 동 해 지

삼상20:36

謂童子曰、
위 동 자 왈

爾其疾趨、
이 기 질 추

尋我所射之矢、
심 아 소 사 지 시

童趨之時、
동 추 지 시

約拿單射矢過之、
약 나 단 사 시 과 지

삼상20:37

童至其矢所射之處、
동 지 기 시 소 사 지 처

約拿單呼曰、
약 나 단 호 왈

矢非過於爾乎、
시 비 과 어 이 호

삼상20:38

又呼曰、
우 호 왈

速往勿遲、
속 왕 물 지

童拾其矢、
동 습 기 시

返詣厥主、
반 예 궐 주

삼상20:39

童不知其意、
동 부 지 기 의

惟約拿單大衛知之、
유 약 나 단 대 위 지 지

삼 상 20:40

約拿單以器械與童
약 나 단 이 기 계 여 동

曰、
왈

攜之入邑、
휴 지 입 읍

삼 상 20:41

童旣去、
동 기 거

大衛自石之南而出、
대 위 자 석 지 남 이 출

伏地三拜、
복 지 삼 배

彼此接吻、
피 차 접 문

相向而哭、
상 향 이 곡

大衛尤甚、
대 위 우 심

삼 상 20:42

約拿單謂大衛曰、
약 나 단 위 대 위 왈

安然而去、
안 연 이 거

我儕二人曾指耶和華
아 제 이 인 증 지 야 화 화

名而誓、
명 이 서

願耶和華在爾我間、
원 야 화 화 재 이 아 간

及爾我後裔中、
급 이 아 후 예 중

至於永世、
지 어 영 세

大衛遂起而往、
대 위 수 기 이 왕

約拿單入於邑、
약 나 단 입 어 읍

撒母耳記上 第二十一章
살 모 이 기 상 제 이 십 일 장

삼상 21:1

大衛至挪伯、
대 위 지 나 백

見祭司亞希米勒、
견 제 사 아 희 미 륵

亞希米勒戰慄迎之、
아 희 미 륵 전 률 영 지

曰、
왈

爾奚獨至、
이 해 독 지

無人與偕、
무 인 여 해

삼상 21:2

大衛曰、
대 위 왈

王以事委我、
왕 이 사 위 아

且曰所遣所命者、
차 왈 소 견 소 명 자

勿令人知、
물 령 인 지

我約僕從、
아 약 복 종

俟於某處、
사 어 모 처

삼상 21:3

今爾手中何所有、
금 이 수 중 하 소 유

請以五餠給我、
청 이 오 병 급 아

或予所有他物、
혹 여 소 유 타 물

삼상21:4

祭司曰、
제 사 왈

我手中無常餠、
아 수 중 무 상 병

聖餠則有之、
성 병 칙 유 지

惟僕從不近婦女、
유 복 종 불 근 부 녀

乃可給焉、
내 가 급 언

삼상21:5

大衛曰、
대 위 왈

迄今三日、
흘 금 삼 일

未近婦女、
미 근 부 녀

我儕啟行、
아 제 계 행

雖爲常事、
수 위 상 사

然僕從之器乃潔、
연 복 종 지 기 내 결

況今日乎、
황 금 일 호

삼상21:6

祭司遂以聖餠給之、
제 사 수 이 성 병 급 지

蓋除陳設餠外、
개 제 진 설 병 외

罔有他餠、
망 유 타 병

此餠徹於耶和華前
차 병 철 어 야 화 화 전

時、
시

卽以新餠陳之、
즉 이 신 병 진 지

삼상21:7

是日掃羅之僕留於耶
시 일 소 라 지 복 류 어 야

和華前、
화 화 전

乃以東人多益、
내 이 동 인 다 익

掃羅之牧長也、
소 라 지 목 장 야

삼상21:8

大衛謂亞希米勒曰、
대 위 위 아 히 미 륵 왈

王事孔亟、
왕 사 공 극

我未攜刃與械、
아 미 휴 인 여 계

爾有劍戟乎、
이 유 검 극 호

삼상21:9

祭司曰、
제 사 왈

昔爾在以拉穀、
석 이 재 이 랍 곡

殺非利士人歌利亞、
살 비 리 사 인 가 리 아

其劍在此、
기 검 재 차

裹之以布、
과 지 이 포

置聖衣後、
치 성 의 후

其外無他、
기 외 무 타

爾欲取之可也、
이 욕 취 지 가 야

大衛曰、
대 위 왈

無似此者、
무 사 차 자

請以給我、○
청 이 급 아

삼상21:10

大衛因畏掃羅、
대 위 인 외 소 라

是日遁至迦特王亞
시 일 둔 지 가 특 왕 아

吉、
길

삼상21:11

亞吉臣僕謂王曰、
아 길 신 복 위 왕 왈

此非彼國之王大衛
차 비 피 국 지 왕 대 위

乎、
호

昔衆舞蹈唱和曰、
석 중 무 도 창 화 왈

掃羅殺其千千、
소 라 살 기 천 천

大衛殺其萬萬、
대 위 살 기 만 만

非指此人乎、
비 지 차 인 호

삼상21:12

大衛以此言藏於心、
대 위 이 차 언 장 어 심

甚懼迦特王亞吉、
심 구 가 특 왕 아 길

삼상21:13

乃於衆前變其舉動、
내 어 중 전 변 기 거 동

佯狂、
양 광

妄塗於門、
망 도 어 문

流涎於須、
류 연 어 수

삼상21:14

亞吉謂其臣僕曰、
아 길 위 기 신 복 왈

爾觀此人、
이 관 차 인

乃顚狂者、
내 전 광 자

何爲携之詣我、
하 위 휴 지 예 아

삼상21:15

我豈乏狂者、
아 기 핍 광 자

而携至我所、
이 휴 지 아 소

顚狂於我前、
전 광 어 아 전

夫夫也、
부 부 야

豈可入我室乎、
기 가 입 아 실 호

撒母耳記上
살 모 이 기 상

第二十二章
제 이 십 이 장

삼상22:1

大衛去彼、
대 위 거 피

遁於亞杜蘭穴、
둔 어 아 두 란 혈

其兄弟及父
기 형 제 급 부

全家聞之、
전 가 문 지

咸來相就、
함 래 상 취

삼상22:2

凡困迫者、
범 곤 박 자

逋負者、
포 부 자

不得志者、
불 득 지 자

咸集歸之、
함 집 귀 지

約四百人、
약 사 백 인

大衛爲其長、 ○
대 위 위 기 장

삼상22:3

大衛去彼、
대 위 거 피

往摩押之米斯巴、
왕 마 압 지 미 사 파

謂摩押王曰、
위 마 압 왕 왈

請容我父母出、
청 용 아 부 모 출

與爾偕居、
여 이 해 거

俟我知祆上帝爲我何
사 아 지 천 상 제 위 아 하

爲、
위

삼상22:4

遂導父母詣摩押王、
수 도 부 모 예 마 압 왕

大衛處寨時、
대 위 처 채 시

其父母與摩押王同
기 부 모 여 마 압 왕 동

居、
거

삼상22:5

先知迦得謂大衛曰、
선 지 가 득 위 대 위 왈

毋居於寨、
무 거 어 채

宜往猶大地、
의 왕 유 대 지

遂去彼、
수 거 피

入哈列林、
입 합 열 림

삼상22:6

大衛與從者爲人所
대 위 여 종 자 위 인 소

見、
견

掃羅聞之、
소 라 문 지

是時掃羅在基比亞崇
시 시 소 라 재 기 비 아 숭

邱、
구

坐於垂絲柳下、
좌 어 수 사 류 하

手執其戟、
수 집 기 극

僕從環侍、
복 종 환 시

삼상22:7

掃羅謂之曰、
소 라 위 지 왈

便雅憫人、
편 아 민 인

爾其聽之、
이 기 청 지

耶西之子、
야 서 지 자

豈以田畝葡萄園賜
기 이 전 무 포 도 원 사

爾、
이

立爲千夫長、
립 위 천 부 장

百夫長、
백 부 장

삼상22:8

使爾同謀攻我、
사 이 동 모 공 아

我子與耶西子結盟、
아 자 여 야 서 자 결 맹

無人以告、
무 인 이 고

罔爲我憂、
망 위 아 우

我子激我臣僕、
아 자 격 아 신 복

伏以害我、
복 이 해 아

有如今日、
유 여 금 일

亦無人以告、
역 무 인 이 고

삼상22:9

時、
시

以東人多益立於臣僕
이 동 인 다 익 립 어 신 복

中、
중

對曰、
대 왈

我睹耶西子至挪伯、
아 도 야 서 자 지 나 백

見亞希突子亞希米
견 아 희 돌 자 아 희 미

勒、
륵

삼상22:10

亞希米勒爲之諮諏耶
아 희 미 륵 위 지 자 추 야

和華、
화 화

且給以食、
차 급 이 식

以非利士人歌利亞之
이 비 리 사 인 가 리 아 지

劍予之、
검 여 지

삼상22:11

王遂遣人召祭司亞希
왕 수 견 인 소 제 사 아 희

突子亞希米勒、
돌 자 아 희 미 륵

與其父家、
여 기 부 가

在挪伯爲祭司者、
재 나 백 위 제 사 자

咸至王所、
함 지 왕 소

삼상22:12

掃羅曰、
소 라 왈

亞希突子宜聽我言、
아 히 돌 자 의 청 아 언

曰、
왈

我主、
아 주

我在此、
아 재 차

삼상22:13

掃羅曰、
소 라 왈

爾與耶西之子、
이 여 야 서 지 자

同謀攻我、
동 모 공 아

給之以餅、
급 지 이 병

予之以劍、
여 지 이 검

爲之諮諏祆上帝、
위 지 자 추 천 상 제

致彼伏以害我、
치 피 복 이 해 아

有如今日、
유 여 금 일

何也、
하 야

삼상22:14

亞希米勒對曰、
아 히 미 륵 대 왈

大衛乃王之壻、
대 위 내 왕 지 서

進爲謀臣、
진 위 모 신

尊於王室、
존 어 왕 실

諸臣僕中、
제 신 복 중

忠孰如之、
충 숙 여 지

삼상22:15

我爲之諮諏祆上帝、
아 위 지 자 추 천 상 제

豈自今日始耶、
기 자 금 일 시 야

決不爲此、
결 불 위 차

王勿罪僕、
왕 물 죄 복

與我父家、
여 아 부 가

此事巨細、
차 사 거 세

僕俱不知、
복 구 불 지

삼상22:16

王曰、
왕 왈

亞希米勒、
아 히 미 륵

爾與爾父全家必死、
이 여 이 부 전 가 필 사

삼상22:17

王謂左右侍衛曰、
왕 위 좌 우 시 위 왈

往殺耶和華之祭司、
왕 살 야 화 화 지 제 사

因彼助大衛、
인 피 조 대 위

知其遁逃、
지 기 둔 도

而不以告、
이 불 이 고

惟王臣僕不欲伸手、
유 왕 신 복 불 욕 신 수

擊耶和華之祭司、
격 야 화 화 지 제 사

삼상22:18

王謂多益曰、
왕 위 다 익 왈

爾往擊之、
이 왕 격 지

以東人多益遂擊祭
이 동 인 다 익 수 격 제

司、
사

當日殺衣枲聖衣者、
당 일 살 의 시 성 의 자

八十五人、
팔 십 오 인

삼상22:19

祭司之邑挪伯、
제 사 지 읍 나 백

男女、
남녀

童穉、
동치

乳子、
유자

牛羊及驢、
우양급려

皆刃擊之、
개인격지

삼상22:20

亞希突孫、
아희돌손

亞希米勒子亞比亞他
아희미륵자아비아타

得免、
득면

逃往大衛、
도왕대위

삼상22:21

以掃羅殺耶和華祭司
이소라살야화화제사

之事告之、
지사고지

삼상22:22

大衛曰、
대 위 왈

當日以東人多益在
당 일 이 동 인 다 익 재

彼、
피

我知其必告掃羅、
아 지 기 필 고 소 라

爾父全家死亡、
이 부 전 가 사 망

我使之也、
아 사 지 야

삼상22:23

與我偕居、
여 아 해 거

勿懼、
물 구

索我命者、
색 아 명 자

卽索爾命、
즉 색 이 명

偕我則得保全、
해 아 칙 득 보 전

撒母耳記上
살 모 이 기 상

第二十三章
제 이 십 삼 장

삼상23:1

或告大衛曰、
혹 고 대 위 왈

非利士人攻基伊拉、
비 리 사 인 공 기 이 랍

劫其禾場、
겁 기 화 장

삼상23:2

大衛諮諏耶和華曰、
대 위 자 추 야 화 화 왈

我往擊非利士人可
아 왕 격 비 리 사 인 가

否、
부

耶和華曰、
야 화 화 왈

其往擊之、
기 왕 격 지

以援基伊拉、
이 원 기 이 랍

삼상23:3

大衛之從者曰、
대 위 지 종 자 왈

今在猶大尚懼、
금 재 유 대 상 구

況往基伊拉、
황 왕 기 이 랍

攻非利士之軍旅乎、
공 비 리 사 지 군 려 호

삼상23:4

大衛復諮諏耶和華、
대 위 복 자 추 야 화 화

耶和華曰、
야 화 화 왈

起往基伊拉、
기 왕 기 이 랍

我將以非利士人付於
아 장 이 비 리 사 인 부 어

爾手、
이 수

삼상23:5

大衛及從者往基伊
대 위 급 종 자 왕 기 이

拉、
랍

與非利士人戰、
여 비 리 사 인 전

大行殺戮、
대 행 살 륙

虜其牲畜、
로 기 생 축

而救基伊拉居民、○
이 구 기 이 랍 거 민

삼상23:6

初、
초

亞希米勒子亞比亞他
아 히 미 륵 자 아 비 아 타

逃至基伊拉、
도 지 기 이 랍

見大衛時、
견 대 위 시

手攜聖衣、
수 휴 성 의

삼상23:7

或以大衛至基伊拉告
혹 이 대 위 지 기 이 랍 고

掃羅、
소 라

掃羅曰、
소 라 왈

祆上帝付之於我手
천 상 제 부 지 어 아 수

矣、
의

蓋入有門有楗之邑、
개 입 유 문 유 건 지 읍

受困於其中也、
수 곤 어 기 중 야

삼상23:8

掃羅乃招民衆出戰、
소 라 내 초 민 중 출 전

欲下基伊拉、
욕 하 기 이 랍

圍困大衛、
위 곤 대 위

及其從者、
급 기 종 자

삼상23:9

大衛知掃羅蓄謀害
대 위 지 소 라 축 모 해

己、
기

遂 謂 祭 司 亞 比 亞 他
수 위 제 사 아 비 아 타

曰、
왈

攜 聖 衣 至、
휴 성 의 지

삼상23:10

大 衛 禱 曰、
대 위 도 왈

以 色 列 之 祆 上 帝 耶 和
이 색 열 지 천 상 제 야 화

華 歟、
화 여

爾 僕 確 聞 掃 羅 欲 至 基
이 복 확 문 소 라 욕 지 기

伊 拉、
이 랍

以 我 之 故、
이 아 지 고

翦 滅 斯 邑、
전 멸 사 읍

삼상23:11

基 伊 拉 人 付 我 於 其 手
기 이 랍 인 부 아 어 기 수

乎、
호

掃羅果來、
소 라 과 래

如僕所聞乎、
여 복 소 문 호

以色列之祆上帝耶和
이 색 열 지 천 상 제 야 화

華歟、
화 여

請告爾僕、
청 고 이 복

耶和華曰、
야 화 화 왈

掃羅將至矣、
소 라 장 지 의

삼상23:12

大衛曰、
대 위 왈

基伊拉人以我及從
기 이 랍 인 이 아 급 종

者、
자

付於掃羅手乎、
부 어 소 라 수 호

耶和華曰、
야 화 화 왈

彼必付焉、
피 필 부 언

삼상23:13

大衛與其從者、
대 위 여 기 종 자

約六百人、
약 육 백 인

遂去基伊拉、
수 거 기 이 랍

擇地而往、
택 지 이 왕

或告掃羅曰、
혹 고 소 라 왈

大衛脫離基伊拉、
대 위 탈 리 기 이 랍

掃羅遂止不出、○
소 라 수 지 불 출

삼상23:14

大衛居曠野之山寨、
대 위 거 광 야 지 산 채

恆在西弗野之山地、
긍 재 서 불 야 지 산 지

掃羅索之無虛日、
소 라 색 지 무 허 일

惟祆上帝不付於其
유 천 상 제 불 부 어 기

手、
수

삼상23:15

大衛知掃羅已出、
대 위 지 소 라 이 출

而索其命、
이 색 기 명

時、
시

大衛在西弗野之林
대 위 재 서 불 야 지 림

中、
중

삼상23:16

掃羅子約拿單入林、
소 라 자 약 나 단 입 림

見大衛、
견 대 위

使賴祆上帝以爲固、
사 뢰 천 상 제 이 위 고

삼상23:17

謂之曰、
위 지 왈

毋懼、
무 구

我父掃羅之手、
아 부 소 라 지 수

必不獲爾、
필 불 획 이

爾將爲以色列王、
이 장 위 이 색 열 왕

我居其次、
아 거 기 차

是我父掃羅所知也、
시 아 부 소 라 소 지 야

삼상23:18

二人乃於耶和華前立
이 인 내 어 야 화 화 전 립

約、
약

大衛居林、
대 위 거 림

約拿單歸其家、
약 나 단 귀 기 가

삼상23:19

西弗人上基比亞、
서 불 인 상 기 비 아

見掃羅曰、
견 소 라 왈

大衛匿於我所、
대 위 닉 어 아 소

處於林中之寨、
처 어 림 중 지 채

在曠野南之哈基拉
재 광 야 남 지 합 기 랍

山、
산

삼상23:20

王歟、
왕 여

隨意往彼、
수 의 왕 피

付之於王手、
부 지 어 왕 수

乃我之責也、
내 아 지 책 야

삼상23:21

掃羅曰、
소 라 왈

爾既恤我、
이 기 휼 아

願耶和華錫嘏於爾、
원 야 화 화 석 하 어 이

삼상23:22

人言大衛甚狡、
인 언 대 위 심 교

請爾旋歸、
청 이 선 귀

復察其實、
복 찰 기 실

觀其匿於何方、
관 기 닉 어 하 방

爲誰所見、
위 수 소 견

삼상23:23

察其所匿諸處、
찰 기 소 닉 제 처

既得其實、
기 득 기 실

則返以告、
즉 반 이 고

我偕爾往、
아 해 이 왕

若在斯土、
약 재 사 토

我必於猶大億兆中、
아 필 어 유 대 억 조 중

索之務獲、
색 지 무 획

삼상 23:24

西弗人遂起、
서 불 인 수 기

先掃羅而返、
선 소 라 이 반

時、
시

大衛與從者、
대 위 여 종 자

在瑪雲曠野南之亞拉
재 마 운 광 야 남 지 아 랍

巴、
파

삼상 23:25

掃羅率從者往索之、
소 라 솔 종 자 왕 색 지

或告大衛、
혹 고 대 위

大衛遂下至磐石、
대위수하지반석

居瑪雲野、
거마운야

掃羅聞之、
소라문지

追於其野、
추어기야

삼상23:26

掃羅行於山左、
소라행어산좌

大衛與從者行於山右、
대위여종자행어산우

大衛畏掃羅、
대위외소라

急欲逃避、
급욕도피

因掃羅與從者圍大衛及其從者、
인소라여종자위대위급기종자

欲執之、
욕집지

삼상23:27

有使者至、
유 사 자 지

謂掃羅曰、
위 소 라 왈

非利士人犯境、
비 리 사 인 범 경

其速返、
기 속 반

삼상23:28

掃羅乃舍大衛、
소 라 내 사 대 위

轉攻非利士人、
전 공 비 리 사 인

故名其處曰西拉哈瑪
고 명 기 처 왈 서 랍 합 마

希羅結、
희 라 결

삼상23:29

大衛去彼、
대 위 거 피

居隱基底山寨、
거 은 기 저 산 채

撒母耳記上
살 모 이 기 상

第二十四章
제 이 십 사 장

삼 상 24:1

掃羅追非利士人而
소 라 추 비 리 사 인 이

歸、
귀

或告曰、
혹 고 왈

大衛在隱基底野、
대 위 재 은 기 저 야

삼 상 24:2

掃羅簡以色列衆三千
소 라 간 이 색 열 중 삼 천

人、
인

往索大衛及其從者、
왕 색 대 위 급 기 종 자

於野羊磐石、
어 야 양 반 석

삼 상 24:3

至途間之羊牢、
지 도 간 지 양 뢰

有穴在焉、
유 혈 재 언

掃羅入而遺矢、
소 라 입 이 유 시

時、
시

大衛與從者居穴深
대 위 여 종 자 거 혈 심

處、
처

삼상24:4

從者曰、
종 자 왈

昔耶和華謂爾曰、
석 야 화 화 위 이 왈

我將以敵付於爾手、
아 장 이 적 부 어 이 수

任意待之、
임 의 대 지

今日是矣、
금 일 시 의

大衛遂起、
대 위 수 기

竊斷掃羅衣裾、
절 단 소 라 의 거

삼상24:5

旣而中心自責、
기 이 중 심 자 책

삼상24:6

謂從者曰、
위 종 자 왈

我主乃耶和華之受膏
아 주 내 야 화 화 지 수 고

者、
자

願耶和華禁我擧手攻
원 야 화 화 금 아 거 수 공

之、
지

以其爲耶和華所膏
이 기 위 야 화 화 소 고

也、
야

삼상24:7

大衛言此、
대 위 언 차

阻其從者、
조 기 종 자

不許起攻掃羅、
불 허 기 공 소 라

掃羅出穴而去、
소 라 출 혈 이 거

삼상24:8

後大衛亦起出穴、
후 대 위 역 기 출 혈

呼掃羅曰、
호 소 라 왈

我主、
아 주

我王、
아 왕

掃羅回顧、
소 라 회 고

大衛伏地而拜、
대 위 복 지 이 배

삼상24:9

謂掃羅曰、
위 소 라 왈

有言大衛欲加害於
유 언 대 위 욕 가 해 어

爾、
이

曷聽之哉、
갈 청 지 재

삼상24:10

今在穴中、
금 재 혈 중

耶和華付爾於我手、
야 화 화 부 이 어 아 수

爾所目擊、
이 소 목 격

或勸我殺爾、
혹 권 아 살 이

惟我惜爾、
유 아 석 이

自謂不可擧手害我
자 위 불 가 거 수 해 아

主、
주

緣爲耶和華所膏也、
연 위 야 화 화 소 고 야

삼상24:11

我父乎、
아 부 호

請觀爾裾在於我手、
청 관 이 거 재 어 아 수

我旣斷之、
아 기 단 지

而不殺爾、
이 불 살 이

可知我手無惡無過、
가 지 아 수 무 악 무 과

爾雖獵取我命、
이 수 렵 취 아 명

而我未嘗獲罪於爾、
이 아 미 상 획 죄 어 이

삼상24:12

願耶和華在爾我間判斷、
원 야 화 화 재 이 아 간 판 단

爲我伸寃、
위 아 신 원

惟我手不加諸爾、
유 아 수 불 가 제 이

삼상24:13

古諺有雲、
고 언 유 운

惡自惡人出、
악 자 악 인 출

惟我手不加諸爾、
유 아 수 불 가 제 이

삼상24:14

以色列王出、
이 색 열 왕 출

所蹤跡者誰、
소 종 적 자 수

所追襲者誰、
소 추 습 자 수

乃死犬躍蚤耳、
내 사 견 약 조 이

삼상24:15

願耶和華在爾我間審
원 야 화 화 재 이 아 간 심

鞫之、
국 지

判斷之、
판 단 지

鑒察之、
감 찰 지

爲我伸寃、
위 아 신 원

援我於爾手、
원 아 어 이 수

삼상24:16

大衛言畢、
대 위 언 필

掃羅曰、
소라왈

我子大衛、
아자대위

此爾聲乎、
차이성호

遂大聲而哭、
수대성이곡

삼상24:17

謂大衛曰、
위대위왈

爾待我以善、
이대아이선

我待爾以惡、
아대이이악

爾較義於我、
이교의어아

삼상24:18

今爾顯明以善待我、
금이현명이선대아

蓋耶和華付我於爾
개야화화부아어이

手、
수

爾不殺我、
이 불 살 아

삼상24:19
人遇敵、
인 우 적
豈任其安然去耶、
기 임 기 안 연 거 야
願耶和華因爾今日所
원 야 화 화 인 이 금 일 소
行於我、
행 어 아
而報以善、
이 보 이 선

삼상24:20
我知爾必爲王、
아 지 이 필 위 왕
以色列國堅定於爾
이 색 열 국 견 정 어 이
手、
수

삼상24:21
今當指耶和華而誓、
금 당 지 야 화 화 이 서
不絕我嗣、
불 절 아 사

不滅我名於我父家、
불 멸 아 명 어 아 부 가

삼상24:22

大衛與掃羅誓、
대 위 여 소 라 서

掃羅遂歸、
소 라 수 귀

大衛及其從
대 위 급 기 종

者往於寨、
자 왕 어 채

撒母耳記上
살 모 이 기 상

第二十五章
제 이 십 오 장

삼상25:1

撒母耳沒、
살 모 이 몰

以色列衆咸集、
이 색 열 중 함 집

爲之哀悼、
위 지 애 도

在拉瑪葬於其第、
재 랍 마 장 어 기 제

大衛啟行、
대 위 계 행

至巴蘭野、○
지 파 란 야

삼상 25:2

有居瑪雲者、
유 거 마 운 자

業在迦密、
업 재 가 밀

甚富、
심 부

有綿羊三千、
유 면 양 삼 천

山羊一千、
산 양 일 천

適在迦密剪羊毛、
적 재 가 밀 전 양 모

삼상 25:3

其人屬迦勒族、
기 인 속 가 륵 족

名拿八、
명 나 팔

剛愎兇惡、
강 퍅 흉 악

妻名亞比該、
처 명 아 비 해

聰慧豔麗、
총 혜 염 려

삼상25:4

大衛在野、
대 위 재 야

聞拿八剪羊毛、
문 나 팔 전 양 모

삼상25:5

遣少者十人、
견 소 자 십 인

謂之曰、
위 지 왈

爾上迦密、
이 상 가 밀

往見拿八、
왕 견 나 팔

託我名問其安、
탁 아 명 문 기 안

삼상25:6

曰、
왈

願爾畢生綏安、
원 이 필 생 수 안

願爾擧家綏安、
원 이 거 가 수 안

願爾凡所有者皆安、
원 이 범 소 유 자 개 안

삼상25:7

我聞有人爲爾剪羊毛、
아 문 유 인 위 이 전 양 모

昔爾牧者偕我、
석 이 목 자 해 아

我未辱之、
아 미 욕 지

在迦密時、
재 가 밀 시

終無所失、
종 무 소 실

삼상25:8

問爾少者、
문 이 소 자

彼必告爾、
피 필 고 이

我於佳日而至、
아 어 가 일 이 지

故願少者得沾爾恩、
고 원 소 자 득 첨 이 은

隨爾手中所有、
수 이 수 중 소 유

以賜爾僕、
이 사 이 복

及爾子大衛、
급 이 자 대 위

삼상25:9

大衛之少者至、
대 위 지 소 자 지

依此言託大衛名告拿
의 차 언 탁 대 위 명 고 나

八、
팔

不贅一詞、
불 췌 일 사

삼상25:10

拿八曰、
나 팔 왈

大衛爲誰、
대 위 위 수

耶西之子爲誰、
야 서 지 자 위 수

適時僕逃其主者甚
이 시 복 도 기 주 자 심

衆、
중

삼상25:11

豈可以我餅水、
기 가 이 아 병 수

及爲剪羊毛者所宰之
급 위 전 양 모 자 소 재 지

肉、
육

給於不知奚自之人
급 어 불 지 해 자 지 인

乎、
호

삼상25:12

少者旋歸、
소 자 선 귀

以斯言告大衛、
이 사 언 고 대 위

삼상25:13

大衛謂從者曰、
대 위 위 종 자 왈

各佩劍、
각 패 검

遂佩之、
수 패 지

大衛亦佩劍、
대 위 역 패 검

從大衛而上者、
종 대 위 이 상 자

約四百人、
약 사 백 인

留守什物者二百人、
류 수 십 물 자 이 백 인

○

삼상25:14

有少者一人、
유 소 자 일 인

告拿八妻亞比該曰、
고 나 팔 처 아 비 해 왈

大衛自野遣使、
대 위 자 야 견 사

問我主安、
문 아 주 안

主反詈之、
주 반 리 지

삼상25:15

彼待我甚厚、
피 대 아 심 후

我在野間與之往來、
아 재 야 간 여 지 왕 래

終不見辱、
종 불 견 욕

亦無所失、
역 무 소 실

삼상25:16

我牧羊時、
아 목 양 시

彼與我偕、
피 여 아 해

晝夜爲我垣墉、
주 야 위 아 원 용

삼상25:17

今當自籌、
금 당 자 주

如何以行、
여 하 이 행

蓋禍必及我主、
개 화 필 급 아 주

與其全家、
여 기 전 가

彼乃庸人、
피 내 용 인

不可與言、
불 가 여 언

삼상25:18
亞比該急取餅二百、
아 비 해 급 취 병 이 백
酒二囊、
주 이 낭
已烹之羊五、
이 팽 지 양 오
烘穀五細亞、
홍 곡 오 세 아
葡萄乾一百穗、
포 도 건 일 백 수
無花果餅二百、
무 화 과 병 이 백
俱負於驢、
구 부 어 려

삼상25:19
謂其少者曰、
위 기 소 자 왈
爾先往、
이 선 왕
我後至、
아 후 지

惟不告其夫拿八、
유 불 고 기 부 나 팔

삼상25:20

乘驢下山之坳、
승 려 하 산 지 요

大衛率衆而來、
대 위 솔 중 이 래

與之相遇、
여 지 상 우

삼상25:21

大衛曾曰、
대 위 증 왈

昔我在野、
석 아 재 야

守此鄙夫所有、
수 차 비 부 소 유

毫無遺失、
호 무 유 실

實爲徒勞、
실 위 도 로

蓋彼以惡報善、
개 피 이 악 보 선

삼상25:22

凡屬彼者、
범 속 피 자

我若留其一男、
아 약 류 기 일 남

至於明晨、
지 어 명 신

則願祆上帝罰大衛之
칙 원 천 상 제 벌 대 위 지

敵維倍、○
적 유 배

삼 상 25:23

亞比該見大衛、
아 비 해 견 대 위

急下驢、
급 하 려

伏地而拜、
복 지 이 배

삼 상 25:24

跪其足下曰、
궤 기 족 하 왈

我主歟、
아 주 여

願咎歸於我、
원 구 귀 어 아

容婢進言、
용 비 진 언

請垂聽焉、
청 수 청 언

삼상25:25
求我主勿以庸人拿八
구 아 주 물 이 용 인 나 팔
爲意、
위 의
其人與名相符、
기 인 여 명 상 부
其名拿八、
기 명 나 팔
其人愚妄也、
기 인 우 망 야
我主所遣之少者、
아 주 소 견 지 소 자
婢不及見、
비 불 급 견

삼상25:26
我主歟、
아 주 여
耶和華旣禁爾流人之
야 화 화 기 금 이 류 인 지
血、
혈

阻爾親手復仇、
조 이 친 수 복 구

我指維生之耶和華、
아 지 유 생 지 야 화 화

與爾生命以誓、
여 이 생 명 이 서

願爾敵及謀害爾者、
원 이 적 급 모 해 이 자

俱如拿八、
구 여 나 팔

삼상25:27

婢所攜之禮物、
비 소 휴 지 예 물

奉於我主、
봉 어 아 주

請以給相從之少者、
청 이 급 상 종 지 소 자

삼상25:28

求赦婢過、
구 사 비 과

我主爲耶和華戰、
아 주 위 야 화 화 전

耶和華必鞏固我主之
야 화 화 필 공 고 아 주 지

家、
가

我主終身無疵可求、
아 주 종 신 무 자 가 구

삼상25:29

人雖起而追爾、
인 수 기 이 추 이

以索爾命、
이 색 이 명

然我主之命、
연 아 주 지 명

乃封於生命包中、
내 봉 어 생 명 포 중

與爾祆上帝耶和華
여 이 천 상 제 야 화 화

偕、
해

若夫敵之生命、
약 부 적 지 생 명

耶和華則必棄擲之、
야 화 화 칙 필 기 척 지

如以繩發石焉、
여 이 승 발 석 언

삼상25:30

迨耶和華踐其前言、
태 야 화 화 천 기 전 언

施諸善於我主、
시 제 선 어 아 주

立爲以色列君、
립 위 이 색 열 군

삼상 25:31

我主不以今日流無辜
아 주 불 이 금 일 류 무 고

之血、
지 혈

爲己復仇、
위 기 복 구

懷憂抱憾、
회 우 포 감

耶和華厚待我主時、
야 화 화 후 대 아 주 시

垂念爾婢、
수 념 이 비

삼상 25:32

大衛曰、
대 위 왈

以色列之祆上帝耶和
이 색 열 지 천 상 제 야 화

華、
화

今日遣爾迎我、
금 일 견 이 영 아

當頌美之、
당 송 미 지

삼상25:33

爾今阻我流人之血、
이 금 조 아 류 인 지 혈

親手復仇、
친 수 복 구

爾智可稱、
이 지 가 칭

爾躬可讚、
이 궁 가 찬

삼상25:34

以色列之祆上帝、
이 색 열 지 천 상 제

維生之耶和華、
유 생 지 야 화 화

阻我加害於爾、
조 아 가 해 어 이

我指之而誓、
아 지 지 이 서

如爾不速來迎、
여 이 불 속 래 영

凡屬拿八者、
범 속 나 팔 자

至於明晨、
지 어 명 신

不遺一男、
불 유 일 남

삼상25:35

大衛受其物、
대 위 수 기 물

曰、
왈

爾安然以歸、
이 안 연 이 귀

我聽爾言、
아 청 이 언

徇爾情、
순 이 정

삼상25:36

亞比該返至拿八、
아 비 해 반 지 나 팔

見其家中設宴、
견 기 가 중 설 연

可擬王筵、
가 의 왕 연

拿八中心歡樂、
나 팔 중 심 환 악

醉甚、
취 심

事無巨細、
사 무 거 세

亞比該俱不以告、
아 비 해 구 불 이 고

以待明晨、
이 대 명 신

삼상25:37

詰朝、
힐 조

拿八宿酲已解、
나 팔 숙 정 이 해

其妻告以此事、
기 처 고 이 차 사

拿八心神喪失、
나 팔 심 신 상 실

塊然如石、
괴 연 여 석

삼상25:38

越十日、
월 십 일

耶和華擊之、
야 화 화 격 지

遂死、
수 사

삼상 25:39

大衛聞拿八死、
대 위 문 나 팔 사

則曰、
칙 왈

我見辱於拿八、
아 견 욕 어 나 팔

耶和華伸我之寃、
야 화 화 신 아 지 원

又禁厥僕行惡、
우 금 궐 복 행 악

以拿八之惡歸於其
이 나 팔 지 악 귀 어 기

首、
수

當頌美之、
당 송 미 지

大衛遣人語亞比該、
대 위 견 인 어 아 비 해

欲娶爲室、
욕 취 위 실

삼상25:40

大衛之僕至迦密、
대 위 지 복 지 가 밀

見亞比該曰、
견 아 비 해 왈

大衛遣我至此、
대 위 견 아 지 차

欲娶爾爲室、
욕 취 이 위 실

삼상25:41

亞比該遂起、
아 비 해 수 기

俯伏於地、
부 복 어 지

曰、
왈

爾婢爲役、
이 비 위 역

以濯我主衆僕之足、
이 탁 아 주 중 복 지 족

삼상25:42

急起乘驢、
급 기 승 려

五女相從、
오 녀 상 종

隨大衛之使而往、
수 대 위 지 사 이 왕

爲大衛妻、
위 대 위 처

삼상25:43

大衛先娶耶斯列
대 위 선 취 야 사 열

人亞希暖、
인 아 희 난

二人俱爲其妻、
이 인 구 위 기 처

삼상25:44

掃羅之女米甲、
소 라 지 녀 미 갑

曾爲大衛之妻、
증 위 대 위 지 처

掃羅使之改適迦琳
소 라 사 지 개 적 가 림

人拉億子帕提、
인 랍 억 자 파 제

撒母耳記上
살 모 이 기 상

第二十六章
제 이 십 륙 장

삼상26:1

西弗人至基比亞、
서 불 인 지 기 비 아

見掃羅曰、
견 소 라 왈

大衛匿於曠野前之哈
대 위 닉 어 광 야 전 지 합

基拉山、
기 랍 산

삼상26:2

掃羅起、
소 라 기

率其所簡以色列衆三
솔 기 소 간 이 색 열 중 삼

千人、
천 인

下至西弗野、
하 지 서 불 야

以索大衛、
이 색 대 위

삼상26:3

在曠野前之哈基拉
재 광 야 전 지 합 기 랍

山、
산

建營途側、
건 영 도 측

大衛居野、
대 위 거 야

聞掃羅追之、
문 소 라 추 지

삼상26:4

乃遣偵者、
내 견 정 자

察知掃羅果至、
찰 지 소 라 과 지

삼상26:5

遂起、
수 기

至掃羅建營之所、
지 소 라 건 영 지 소

觀掃羅及其軍長尼珥
관 소 라 급 기 군 장 니 이

子押尼珥所臥之處、
자 압 니 이 소 와 지 처

掃羅臥於車營、
소 라 와 어 차 영

民衆列營四周、
민 중 열 영 사 주

삼상26:6

大衛謂赫人亞希米
대 위 위 혁 인 아 히 미

勒、
륵

及洗魯雅子約押弟亞
급 세 로 아 자 약 압 제 아

比篩曰、
비 사 왈

誰願偕我、
수 원 해 아

至掃羅營、
지 소 라 영

亞比篩曰、
아 비 사 왈

我願偕往、
아 원 해 왕

삼상26:7

大衛與亞比篩夜至民
대 위 여 아 비 사 야 지 민

所、
소

見掃羅寢於車營、
견 소 라 침 어 차 영

首旁有戟、
수 방 유 극

插於地、
삽 어 지

押尼珥與民、
압 니 이 여 민

四周而臥、
사 주 이 와

삼상 26:8

亞比篩謂大衛曰、
아 비 사 위 대 위 왈

今日天上帝以敵付於
금 일 천 상 제 이 적 부 어

爾手、
이 수

許我以戟擊之、
허 아 이 극 격 지

釘之於地、
정 지 어 지

一擊而已、
일 격 이 이

毋庸再擊、
무 용 재 격

삼상26:9

大衛曰、
대 위 왈

毋加殺害、
무 가 살 해

耶和華之受膏者、
야 화 화 지 수 고 자

誰擧手攻之、
수 거 수 공 지

而無罪乎、
이 무 죄 호

삼상26:10

又曰、
우 왈

我指維生之耶和華而
아 지 유 생 지 야 화 화 이

誓、
서

耶和華必擊之、
야 화 화 필 격 지

或使及期而死、
혹 사 급 기 이 사

或使臨陳而亡、
혹 사 림 진 이 망

삼상26:11

耶和華之受膏者、
야 화 화 지 수 고 자

願耶和華禁我舉手攻
원 야 화 화 금 아 거 수 공

之、
지

爾第取其首旁之戟、
이 제 취 기 수 방 지 극

及其水瓶而去、
급 기 수 병 이 거

삼상26:12

於是大衛取戟及水
어 시 대 위 취 극 급 수

瓶、
병

二人卽去、
이 인 즉 거

衆皆不見、
중 개 불 견

不知不寤、
불 지 불 오

以耶和華使其沈睡
이 야 화 화 사 기 침 수

也、
야

삼상26:13
大衛越至相對之所、
대 위 월 지 상 대 지 소
遙立山巓、
요 립 산 전
其間有隙甚巨、
기 간 유 극 심 거

삼상26:14
呼民及尼珥子押尼珥
호 민 급 니 이 자 압 니 이
曰、
왈
押尼珥歟、
압 니 이 여
爾不答乎、
이 불 답 호
押尼珥曰、
압 니 이 왈
爾爲誰、
이 위 수
乃呼王乎、
내 호 왕 호

삼상26:15

大衛曰、
대 위 왈

爾非豪傑乎、
이 비 호 걸 호

以色列中誰可擬爾、
이 색 열 중 수 가 의 이

有人入營、
유 인 입 영

欲殺王、
욕 살 왕

爾之主、
이 지 주

曷不護衛之、
갈 불 호 위 지

삼상26:16

爾所爲者非善、
이 소 위 자 비 선

我指維生之耶和華而
아 지 유 생 지 야 화 화 이

誓、
서

爾曹不衛爾主、
이 조 불 위 이 주

耶和華之受膏者、
야 화 화 지 수 고 자

宜死、
의 사

試觀王戟、
시 관 왕 극

暨首旁之水瓶安在、
기 수 방 지 수 병 안 재

삼상26:17

掃羅識大衛聲、
소 라 식 대 위 성

遂曰、
수 왈

我子大衛、
아 자 대 위

此爾聲乎、
차 이 성 호

大衛曰、
대 위 왈

王歟、
왕 여

我主、
아 주

是我聲也、
시 아 성 야

삼상26:18

又曰、
우 왈

我主追僕、
아 주 추 복

曷故、
갈 고

我何所爲、
아 하 소 위

我手中有何惡、
아 수 중 유 하 악

삼상26:19

我主我王、
아 주 아 왕

請聽僕言、
청 청 복 언

如耶和華激爾攻我、
여 야 화 화 격 이 공 아

願其歆享祭物、
원 기 흠 향 제 물

若由人意、
약 유 인 의

願耶和華詛之、
원 야 화 화 저 지

蓋今逐我、
개 금 축 아

不容附於耶和華之
불 용 부 어 야 화 화 지

業、
업

命我往事他神、
명 아 왕 사 타 신

삼상26:20

以色列王之出、
이 색 열 왕 지 출

乃索躍蚤、
내 색 약 조

如人獵鶉於山、
여 인 렵 순 어 산

今願勿使我血、
금 원 물 사 아 혈

流於遠耶和華之地、
류 어 원 야 화 화 지 지

삼상26:21

掃羅曰、
소 라 왈

我有罪矣、
아 유 죄 의

我子大衛可歸、
아 자 대 위 가 귀

今日爾以我命爲寶、
금 일 이 이 아 명 위 보

我亦不復害爾、
아 역 불 복 해 이

我爲人愚昧、
아 위 인 우 매

謬妄之甚、
류 망 지 심

삼상 26:22

大衛曰、
대 위 왈

王戟在此、
왕 극 재 차

命一少者來取可也、
명 일 소 자 래 취 가 야

삼상 26:23

耶和華必依人公義誠
야 화 화 필 의 인 공 의 성

實而報之、
실 이 보 지

蓋今日耶和華付爾於
개 금 일 야 화 화 부 이 어

我 手、
아 수

而 我 不 願 擧 手 攻 其 受
이 아 불 원 거 수 공 기 수

膏 者、
고 자

삼상26:24

我 今 日 以 爾 命 爲 重、
아 금 일 이 이 명 위 중

願 耶 和 華 亦 以 我 命 爲
원 야 화 화 역 이 아 명 위

重、
중

且 援 我 於 諸 難、
차 원 아 어 제 난

삼상26:25

掃 羅 曰、
소 라 왈

我 子 大 衛、
아 자 대 위

願 爾 得 福、
원 이 득 복

爾 將 大 有 作 爲、
이 장 대 유 작 위

而獲勝焉、
이 획 승 언

大衛遂行、
대 위 수 행

掃羅亦歸、
소 라 역 귀

撒母耳記上
살 모 이 기 상

第二十七章
제 이 십 칠 장

삼상 27:1

大衛意謂、
대 위 의 위

必有一日、
필 유 일 일

我亡於掃羅手、
아 망 어 소 라 수

不如遁入非利士地、
불 여 둔 입 비 리 사 지

掃羅則絕其望、
소 라 칙 절 기 망

不復索我於以色列
불 복 색 아 어 이 색 열

境、
경

我乃脫於其手、
아 내 탈 어 기 수

삼상27:2

遂起、
수 기

與從者六百人、
여 종 자 육 백 인

往投迦特王瑪俄子亞
왕 투 가 특 왕 마 아 자 아

吉、
길

삼상27:3

大衛與其二妻、
대 위 여 기 이 처

耶斯列女亞希暖、
야 사 열 녀 아 희 난

及曾適拿八、
급 증 적 나 팔

迦密女亞比該、
가 밀 녀 아 비 해

同僕從並眷聚、
동 복 종 병 권 취

咸偕亞吉居於迦特、
함 해 아 길 거 어 가 특

삼상 27:4

或以大衛逃於迦特告
혹 이 대 위 도 어 가 특 고

掃羅、
소 라

掃羅不復索焉、○
소 라 불 복 색 언

삼상 27:5

大衛謂亞吉曰、
대 위 위 아 길 왈

如沾爾恩、
여 첨 이 은

請以郊外之邑、
청 이 교 외 지 읍

賜我居處、
사 아 거 처

何必偕王居京都乎、
하 필 해 왕 거 경 도 호

삼상 27:6

亞吉賜以洗革拉、
아 길 사 이 세 혁 랍

故洗革拉屬猶大王、
고 세 혁 랍 속 유 대 왕

迄於今日、○
흘 어 금 일

삼상27:7

大衛居非利士地、
대 위 거 비 리 사 지

計一年有四月、
계 일 년 유 사 월

삼상27:8

大衛與其從者、
대 위 여 기 종 자

往侵基述人、
왕 침 기 술 인

基色人、
기 색 인

亞瑪力人、
아 마 력 인

此族素居斯土、
차 족 소 거 사 토

自書珥至埃及、
자 서 이 지 애 급

삼상27:9

大衛擊之、
대 위 격 지

無論男女、
무 론 남 녀

不存其生、
불 존 기 생

取牛羊驢駝及衣服、
취 우 양 려 타 급 의 복

歸見亞吉、
귀 견 아 길

삼상27:10

亞吉曰、
아 길 왈

今日所侵何地、
금 일 소 침 하 지

曰、
왈

猶大南境、
유 대 남 경

耶拉篾南境、
야 랍 멸 남 경

基尼南境、
기 니 남 경

삼상27:11

大衛不生存男女、
대 위 불 생 존 남 녀

攜至迦特、
휴 지 가 특

蓋曰、
개 왈

恐其以我事告人云、
공 기 이 아 사 고 인 운

大衛所爲如此、
대 위 소 위 여 차

彼居非利士地、
피 거 비 리 사 지

所爲常若是、
소 위 상 약 시

삼상27:12

亞吉信大衛、
아 길 신 대 위

曰、
왈

彼使其民以色列深恨
피 사 기 민 이 색 열 심 한

之、
지

必永爲我僕、
필 영 위 아 복

撒母耳記上
살 모 이 기 상

第二十八章
제 이 십 팔 장

삼상28:1

維時、
유 시

非利士人集其軍旅、
비 리 사 인 집 기 군 려

欲與以色列戰、
욕 여 이 색 열 전

亞吉謂大衛曰、
아 길 위 대 위 왈

爾知爾與從者、
이 지 이 여 종 자

必在軍中、
필 재 군 중

偕我而出、
해 아 이 출

삼상 28:2

大衛曰、
대 위 왈

僕之所爲、
복 지 소 위

爾必知之、
이 필 지 지

亞吉曰、
아 길 왈

如是、
여 시

我立爾爲侍衛、
아 립 이 위 시 위

恆保我首、○
긍 보 아 수

삼상28:3

撒母耳旣沒、
살 모 이 기 몰

以色列衆爲之哀悼、
이 색 열 중 위 지 애 도

葬於故邑拉瑪、
장 어 고 읍 랍 마

掃羅曾於國中、
소 라 증 어 국 중

逐憑鬼者及巫覡、
축 빙 귀 자 급 무 격

삼상28:4

非利士人咸集、
비 리 사 인 함 집

往書念建營、
왕 서 념 건 영

掃羅集以色列衆、
소 라 집 이 색 열 중

建營於基利波、
건 영 어 기 리 파

삼상28:5

掃羅見非利士
소 라 견 비 리 사

之軍旅、
지 군 려

則懼、
칙 구

中心戰慄、
중 심 전 률

삼상28:6

詢於耶和華、
순 어 야 화 화

耶和華不以夢與
야 화 화 불 이 몽 여

烏陵先知答之、
오 릉 선 지 답 지

삼상28:7

掃羅謂其僕曰、
소 라 위 기 복 왈

爲我尋一女巫、
위 아 심 일 녀 무

我將就而問焉、
아 장 취 이 문 언

僕曰、
복 왈

在隱多珥有女巫、
재 은 다 이 유 녀 무

삼상28:8
掃羅改裝易服而往、
소 라 개 장 역 복 이 왕

二人偕之、
이 인 해 지

夜至婦所、
야 지 부 소

曰、
왈

請爾憑神、
청 이 빙 신

爲我卜筮、
위 아 복 서

我所稱其名者、
아 소 칭 기 명 자

可招之上、
가 초 지 상

삼상28:9
婦曰、
부 왈

掃羅絕憑鬼者及
소 라 절 빙 귀 자 급

巫覡於國中、
무 격 어 국 중

彼之所爲、
피 지 소 위

爾所知也、
이 소 지 야

何設機檻、
하 설 기 함

以害我命、
이 해 아 명

致我於死乎、
치 아 어 사 호

삼상28:10

掃羅指耶和華
소 라 지 야 화 화

而誓曰、
이 서 왈

我指維生之
아 지 유 생 지

耶和華而誓、
야 화 화 이 서

爾不因此受刑、
이 불 인 차 수 형

삼상28:11

婦 曰、
부 왈

爲 爾 招 誰 上 乎、
위 이 초 수 상 호

曰、
왈

招 撒 母 耳、
초 살 모 이

삼상28:12

婦 見 撒 母 耳、
부 견 살 모 이

則 大 聲 而 呼、
칙 대 성 이 호

謂 掃 羅 曰、
위 소 라 왈

何 欺 我 耶、
하 기 아 야

爾 乃 掃 羅、
이 내 소 라

삼상28:13

王 曰、
왕 왈

勿 畏、
물 외

爾所見者何、
이 소 견 자 하

婦曰、
부 왈

我見有神由地而出、
아 견 유 신 유 지 이 출

삼상28:14

曰、
왈

其狀若何、
기 상 약 하

曰、
왈

有一老者、
유 일 로 자

身衣禮服、
신 의 예 복

掃羅知爲撒母耳、
소 라 지 위 살 모 이

則伏地而拜、
칙 복 지 이 배

삼상28:15

撒母耳謂掃羅曰、
살 모 이 위 소 라 왈

爾何擾我、
이 하 요 아

使我上耶、
사 아 상 야

掃羅曰、
소 라 왈

我甚窘急、
아 심 군 급

非利士人將與我戰、
비 리 사 인 장 여 아 전

祆上帝離我、
천 상 제 리 아

不以先知與夢答我、
불 이 선 지 여 몽 답 아

故招爾至、
고 초 이 지

示我以所當行、
시 아 이 소 당 행

삼 상 28:16

撒母耳曰、
살 모 이 왈

耶和華旣已離爾、
야 화 화 기 이 리 이

爲爾之敵、
위 이 지 적

曷問我哉、
갈 문 아 재

삼상28:17

昔耶和華藉我所言、
석 야 화 화 자 아 소 언

今行於爾、
금 행 어 이

奪國於爾手、
탈 국 어 이 수

以畀爾鄰大衛、
이 비 이 린 대 위

삼상28:18

爾不聽耶和華命、
이 불 청 야 화 화 명

成其烈怒於亞瑪力、
성 기 렬 노 어 아 마 력

故今日耶和華以此加
고 금 일 야 화 화 이 차 가

諸爾、
제 이

삼상28:19

且將爾與以色列人、
차 장 이 여 이 색 열 인

付於非利士人手、
부 어 비 리 사 인 수

明日爾及爾子、
명 일 이 급 이 자

必與我偕、
필 여 아 해

以色列軍旅、
이 색 열 군 려

亦付於非利士人手、
역 부 어 비 리 사 인 수

삼상 28:20

掃羅聞撒母耳言、
소 라 문 살 모 이 언

懼甚、
구 심

身仆於地、
신 복 어 지

因其永朝永夕、
인 기 영 조 영 석

飮食俱廢、
음 식 구 폐

遂致無力、
수 치 무 력

삼상 28:21

婦近掃羅、
부 근 소 라

見其憂甚、
견 기 우 심

謂之曰、
위 지 왈

婢聽王言、
비 청 왕 언

冒死不顧、
모 사 불 고

遵諭而行、
준 유 이 행

삼상28:22

請納婢言、
청 납 비 언

容以片餠陳於爾前、
용 이 편 병 진 어 이 전

食之、
식 지

則可得力、
칙 가 득 력

以便遄徵、
이 편 천 징

삼상28:23

掃羅辭曰、
소 라 사 왈

我不食、
아 불 식

僕與婦强之、
복 여 부 강 지

乃允、
내 윤

起於地、
기 어 지

坐於牀、
좌 어 상

삼상28:24

婦家有肥犢、
부 가 유 비 독

遂速宰之、
수 속 재 지

取面摶之、
취 면 단 지

炊無酵餠、
취 무 효 병

삼상28:25

進於掃羅及其僕前、
진 어 소 라 급 기 복 전

俱食之、
구 식 지

是夜起而往、
시 야 기 이 왕

撒母耳記上
살 모 이 기 상

第二十九章
제 이 십 구 장

삼 상 29:1

非利士人集其軍
비 리 사 인 집 기 군

旅於亞弗、
려 어 아 불

以色列人建營於
이 색 열 인 건 영 어

耶斯列泉旁、
야 사 열 천 방

삼 상 29:2

非利士牧伯率軍、
비 리 사 목 백 솔 군

或百或千、
혹 백 혹 천

向前而進、
향 전 이 진

大衛與其從者偕亞
대 위 여 기 종 자 해 아

吉、
길

隨諸其後、
수 제 기 후

삼 상 29:3

非利士牧伯曰、
비 리 사 목 백 왈

此希伯來人何爲、
차 희 백 래 인 하 위

亞吉曰、
아 길 왈

此非以色列王掃羅臣
차 비 이 색 열 왕 소 라 신

僕大衛乎、
복 대 위 호

彼與我偕、
피 여 아 해

有日有年、
유 일 유 년

自投誠至今、
자 투 성 지 금

未見其有過、
미 견 기 유 과

삼 상 29:4

牧伯怒亞吉曰、
목 백 노 아 길 왈

可使此人返爾所置之
가 사 차 인 반 이 소 치 지

地、
지

毋令偕我出戰、
무 령 해 아 출 전

恐戰陳之間、
공 전 진 지 간

反爲我敵、
반 위 아 적

彼欲與其主和、
피 욕 여 기 주 화

何所需耶、
하 소 수 야

非以我衆之首級乎、
비 이 아 중 지 수 급 호

삼상 29:5

昔有人舞蹈唱和曰、
석 유 인 무 도 창 화 왈

掃羅殺其千千、
소 라 살 기 천 천

大衛殺其萬萬、
대 위 살 기 만 만

非此大衛乎、
비 차 대 위 호

삼상29:6

亞吉召大衛曰、
아 길 소 대 위 왈

我指維生之耶和華而
아 지 유 생 지 야 화 화 이

誓、
서

爾乃端正、
이 내 단 정

偕我出入軍中、
해 아 출 입 군 중

我視爲善、
아 시 위 선

自爾來歸、
자 이 래 귀

未嘗見爾有惡、
미 상 견 이 유 악

惟牧伯不愛爾、
유 목 백 불 애 이

삼상29:7

今當安然以歸、
금 당 안 연 이 귀

勿使牧伯不悅、
물 사 목 백 불 열

삼상 29:8

大衛曰、
대 위 왈

我何所爲、
아 하 소 위

自我從爾、
자 아 종 이

至於今日、
지 어 금 일

爾視爾僕有何事故、
이 시 이 복 유 하 사 고

不容往攻我主我王之
불 용 왕 공 아 주 아 왕 지

敵、
적

삼상 29:9

亞吉曰、
아 길 왈

爾在我前爲善、
이 재 아 전 위 선

如祆上帝之使然、
여 천 상 제 지 사 연

此我所知、
차 아 소 지

但牧伯謂爾不可偕我
단 목 백 위 이 불 가 해 아

往戰、
왕 전

삼상29:10

爾及爾主之僕、
이 급 이 주 지 복

明晨夙興、
명 신 숙 흥

及旦而去、
급 단 이 거

삼상29:11

翌日、
익 일

大衛與從者夙興、
대 위 여 종 자 숙 흥

歸非利士地、
귀 비 리 사 지

非利士人遂
비 리 사 인 수

往耶斯列、
왕 야 사 열

撒母耳記上
살 모 이 기 상

第三十章
제 삼 십 장

삼상30:1

越至三日、
월 지 삼 일

大衛與從者
대 위 여 종 자

至洗革拉、
지 세 혁 랍

亞瑪力人已侵南土、
아 마 력 인 이 침 남 토

及洗革拉、
급 세 혁 랍

且擊洗革拉而燬之、
차 격 세 혁 랍 이 훼 지

삼상30:2

其中婦女、
기 중 부 녀

無少長、
무 소 장

悉虜之、
실 로 지

不殺一人、
불 살 일 인

俱攜之去、
구 휴 지 거

삼상30:3

大衛與從者至、
대 위 여 종 자 지

見邑已燬、
견 읍 이 훼

妻孥被虜、
처 노 피 로

삼상30:4

遂皆大聲而哭、
수 개 대 성 이 곡

至於力盡乃已、
지 어 력 진 내 이

삼상30:5

大衛二妻、
대 위 이 처

耶斯列女亞希暖、
야 사 열 녀 아 희 난

及曾適迦密人拿八之
급 증 적 가 밀 인 나 팔 지

亞比該、
아 비 해

亦被虜、
역 피 로

삼상30:6

民爲子女、
민 위 자 녀

衷懷苦惱、
충 회 고 뇌

相語以石擊大衛、
상 어 이 석 격 대 위

大衛窘甚、
대 위 군 심

然恃其祆上帝耶和
연 시 기 천 상 제 야 화

華、
화

而强厥志、○
이 강 궐 지

삼상30:7

大衛謂祭司亞希米勒
대 위 위 제 사 아 희 미 륵

子亞比亞他曰、
자 아 비 아 타 왈

請攜聖衣至、
청 휴 성 의 지

亞比亞他遂攜之至、
아 비 아 타 수 휴 지 지

삼상30:8

大衛詢於耶和華曰、
대 위 순 어 야 화 화 왈

若追其軍、
약 추 기 군

可及之乎、
가 급 지 호

曰、
왈

追之必及、
추 지 필 급

而反所有、
이 반 소 유

삼상30:9

大衛與從者六百人、
대 위 여 종 자 육 백 인

往至比梭溪、
왕 지 비 사 계

삼상30:10

有二百人憊甚、
유 이 백 인 비 심

不能渡、
불 능 도

故留於彼、
고 류 어 피

惟大衛與四百人往
유 대 위 여 사 백 인 왕

追、
추

삼상30:11

在田遇一埃及人、
재 전 우 일 애 급 인

攜至大衛、
휴 지 대 위

給之以餅、
급 지 이 병

飮之以水、
음 지 이 수

삼상30:12

又給以無花果餅一
우 급 이 무 화 과 병 일

角、
각

葡萄乾二穗、
포 도 건 이 수

食之、
식 지

精神乃復、
정 신 내 복

蓋彼歷三晝夜、
개 피 력 삼 주 야

未嘗飲食、
미 상 음 식

삼상30:13

大衛曰、
대 위 왈

汝屬何人、
여 속 하 인

奚自而來、
해 자 이 래

曰、
왈

我乃埃及少者、
아 내 애 급 소 자

爲亞瑪力人僕、
위 아 마 력 인 복

三日前遘疾、
삼 일 전 구 질

見棄於主、
견 기 어 주

삼상30:14

我軍曾侵基利提南
아 군 증 침 기 리 제 남

方、
방

與猶大境、
여 유 대 경

攻迦勒之南、
공 가 륵 지 남

且燬洗革拉、
차 훼 세 혁 랍

삼상30:15

大衛曰、
대 위 왈

願導我至其軍乎、
원 도 아 지 기 군 호

曰、
왈

爾指祆上帝以誓、
이 지 천 상 제 이 서

必不殺我、
필 불 살 아

不付我於主手、
불 부 아 어 주 수

我則導爾至其軍、
아 칙 도 이 지 기 군

삼상30:16

既至、
기지

見亞瑪力人遍布於
견아마력인편포어

地、
지

飮食舞蹈、
음식무도

因在非利士地、
인재비리사지

及猶大境、
급유대경

攘奪貨財甚多故也、
양탈화재심다고야

삼상30:17

大衛擊之、
대위격지

自黎明至次日之夕、
자려명지차일지석

除四百少者乘駝而遁
제사백소자승타이둔

外、
외

無一得免者、
무 일 득 면 자

삼상30:18

大衛盡返亞瑪力人所
대 위 진 반 아 마 력 인 소

掠之物、
략 지 물

拯其二妻、
증 기 이 처

삼상30:19

無論少長子女、
무 론 소 장 자 녀

及所掠之物、
급 소 략 지 물

大衛悉返之、
대 위 실 반 지

未失其一、
미 실 기 일

삼상30:20

且奪敵之牛羊、
차 탈 적 지 우 양

驅於其前、
구 어 기 전

曰、
왈

此大衛所獲也、
차 대 위 소 획 야

삼상30:21

大衛至二百人所、
대 위 지 이 백 인 소

昔彼困憊、
석 피 곤 비

不能相從、
불 능 상 종

留於比梭溪、
류 어 비 사 계

今出迎大衛、
금 출 영 대 위

與其從者、
여 기 종 자

大衛前問其安、
대 위 전 문 기 안

삼상30:22

大衛從者中、
대 위 종 자 중

有惡人匪徒曰、
유 악 인 비 도 왈

彼不偕我往、
피 불 해 아 왕

所獲之物勿與、
소 획 지 물 물 여

第其妻孥、
제 기 처 노

可攜而去、
가 휴 이 거

삼상30:23

大衛曰、
대 위 왈

兄弟乎、
형 제 호

耶和華旣輔翼我、
야 화 화 기 보 익 아

以敵軍付於我手、
이 적 군 부 어 아 수

其所賜之物、
기 소 사 지 물

勿若是以行、
물 약 시 이 행

삼상30:24

所言之事、
소 언 지 사

誰欲從之、
수 욕 종 지

臨陳與守物者、
림 진 여 수 물 자

所得維均、
소 득 유 균

삼상30:25

是日大衛定此爲以色
시 일 대 위 정 차 위 이 색

列之典章律例、
열 지 전 장 률 례

至於今日、○
지 어 금 일

삼상30:26

大衛至洗革拉、
대 위 지 세 혁 랍

由所獲之物中、
유 소 획 지 물 중

取而饋其友朋猶大長
취 이 궤 기 우 붕 유 대 장

老、
로

曰、
왈

自耶和華敵
자 야 화 화 적

所獲之物、
소 획 지 물

奉爾爲禮、
봉 이 위 예

삼상 30:27

在伯特利、
재 백 특 리

南土拉末、
남 토 랍 말

雅提珥、
아 제 이

삼상 30:28

亞羅珥、
아 라 이

息末、
식 말

以實提莫、
이 실 제 막

삼상 30:29

拉哈勒、
랍 합 륵

耶拉篾諸邑、
야 랍 멸 제 읍

基尼諸邑、
기 니 제 읍

삼상30:30

何 珥 瑪、
하 이 마

歌 拉 珊、
가 랍 산

亞 撻、
아 달

삼상30:31

希 伯 崙、
희 백 륜

及 大 衛 與 從 者 素
급 대 위 여 종 자 소

所 往 來 之 地、
소 왕 래 지 지

俱 有 饋 焉、
구 유 궤 언

撒 母 耳 記 上
살 모 이 기 상

第 三 十 一 章
제 삼 십 일 장

삼상31:1

非 利 士 人 與
비 리 사 인 여

以色列人戰、
이 색 열 인 전

以色列人遁、
이 색 열 인 둔

在基利波山、
재 기 리 파 산

見殺而僕、
견 살 이 복

삼상31:2

非利士人急追
비 리 사 인 급 추

掃羅及其子、
소 라 급 기 자

殺其三子、
살 기 삼 자

約拿單、
약 나 단

亞比拿達、
아 비 나 달

麥基舒亞、
맥 기 서 아

삼상31:3

掃羅被攻、
소 라 피 공

戰勢劇烈、
전 세 극 렬

射者追及之、
사 자 추 급 지

窘急特甚、
군 급 특 심

삼상31:4

謂執兵者曰、
위 집 병 자 왈

爾其拔劍刺我、
이 기 발 검 자 아

免未受割者至、
면 미 수 할 자 지

刺而侮我、
자 이 모 아

執兵者懼甚、
집 병 자 구 심

不敢奉命、
불 감 봉 명

掃羅遂伏劍而死、
소 라 수 복 검 이 사

삼상31:5

執兵者見掃羅死、
집 병 자 견 소 라 사

亦伏劍偕死、
역 복 검 해 사

삼상 31:6

是日掃羅與其三子、
시 일 소 라 여 기 삼 자

及執兵者、
급 집 병 자

曁其僕從俱亡、
기 기 복 종 구 망

삼상 31:7

居山谷相對之所、
거 산 곡 상 대 지 소

與約但河東之以色列
여 약 단 하 동 지 이 색 열

人、
인

見以色列人遁、
견 이 색 열 인 둔

掃羅及子皆死、
소 라 급 자 개 사

遂棄邑而逃、
수 기 읍 이 도

非利士人
비 리 사 인

至而居之、○
지 이 거 지

삼상31:8

翌日、
익 일

非利士人來剝屍、
비 리 사 인 래 박 시

見掃羅及三子、
견 소 라 급 삼 자

僕於基利波山、
복 어 기 리 파 산

삼상31:9

乃斬掃羅首、
내 참 소 라 수

剝其鎧甲、
박 기 개 갑

遣使至非利士四境、
견 사 지 비 리 사 사 경

傳於偶像之廟、
전 어 우 상 지 묘

以及民間、
이 급 민 간

삼상31:10

置其鎧甲於亞斯他錄
치 기 개 갑 어 아 사 타 록

廟、
묘

釘其屍於伯珊城垣、
정 기 시 어 백 산 성 원

삼상31:11
基列雅比居民、
기 열 아 비 거 민

聞非利士人待掃羅之
문 비 리 사 인 대 소 라 지

事、
사

삼상31:12
壯士咸起、
장 사 함 기

竟夕而行、
경 석 이 행

自伯珊城垣、
자 백 산 성 원

取掃羅及
취 소 라 급

其子之尸、
기 자 지 시

攜至雅比焚之、
휴 지 아 비 분 지

삼상31:13

取其骸骨、
취 기 해 골

葬於雅比
장 어 아 비

垂絲柳下、
수 사 류 하

禁食七日、
금 식 칠 일

撒母耳記下 第一章
살 모 이 기 하 제 일 장

삼하1:1

掃羅沒後、
소 라 몰 후

大衛戮亞瑪力
대 위 륙 아 마 력

人而歸、
인 이 귀

居洗革拉二日、
거 세 혁 랍 이 일

삼하1:2

越至三日、
월 지 삼 일

有人自掃羅營來、
유 인 자 소 라 영 래

其衣扯裂、
기 의 차 렬

其首蒙塵、
기 수 몽 진

詣大衛、
예 대 위

伏地而拜、
복 지 이 배

삼하 1:3

大衛曰、
대 위 왈

爾奚自、
이 해 자

曰、
왈

自以色列營、
자 이 색 열 영

逃遁而至、
도 둔 이 지

삼하 1:4

大衛曰、
대 위 왈

其事若何、
기 사 약 하

請以告我、
청 이 고 아

曰、
왈

民自陳而遁、
민 자 진 이 둔

僕斃者衆、
복 폐 자 중

掃羅及其子
소 라 급 기 자

約拿單亦死、
약 나 단 역 사

삼하 1:5

大衛問來告
대 위 문 래 고

之少者曰、
지 소 자 왈

掃羅及其子
소 라 급 기 자

約拿單死、
약 나 단 사

爾安知之、
이 안 지 지

삼하 1:6

少者曰、
소 자 왈

吾偶於基利波山、
오 우 어 기 리 파 산

見掃羅倚其槍、
견 소 라 의 기 창

車騎追襲甚急、
차 기 추 습 심 급

삼하 1:7

彼回顧見我、
피 회 고 견 아

則呼我、
칙 호 아

我曰、
아 왈

我在此、
아 재 차

삼하 1:8

曰、
왈

爾爲誰、
이 위 수

曰、
왈

亞瑪力人也、
아 마 력 인 야

삼하1:9

曰、
왈

請立我側而殺我、
정 립 아 측 이 살 아

因我昏眩、
인 아 혼 현

而命猶存、
이 명 유 존

삼하1:10

吾知彼既傾覆、
오 지 피 기 경 복

不能生活、
불 능 생 활

遂立其側而殺之、
수 립 기 측 이 살 지

取其首上之冕、
취 기 수 상 지 면

臂上之釧、
비 상 지 천

攜詣吾主、
휴 예 오 주

삼하1:11

大衛遂裂己衣、
대 위 수 렬 기 의

從者亦然、
종 자 역 연

삼하1:12

爲掃羅及其子
위 소 라 급 기 자

約拿單、
약 나 단

與耶和華之民、
여 야 화 화 지 민

以色列家、
이 색 열 가

哀悼哭泣、
애 도 곡 읍

禁食至暮、
금 식 지 모

以其隕於刃也、
이 기 운 어 인 야

삼하1:13

大衛謂來告
대 위 위 래 고

之少者曰、
지 소 자 왈

汝籍何處、
여 적 하 처

曰、
왈

我乃亞瑪力旅
아 내 아 마 력 려

人之子也、
인 지 자 야

삼하1:14

大衛曰、
대 위 왈

爾伸手殺耶和華
이 신 수 살 야 화 화

之受膏者、
지 수 고 자

何不懼乎、
하 불 구 호

삼하1:15

大衛召一少者曰、
대 위 소 일 소 자 왈

前攻之、
전 공 지

遂擊斃之、
수 격 폐 지

삼하1:16

大衛曰、
대 위 왈

爾血歸於爾首、
이 혈 귀 어 이 수

爾口自證殺耶和華
이 구 자 증 살 야 화 화

之受膏者、○
지 수 고 자

삼하1:17

大衛爲掃羅及
대 위 위 소 라 급

其子約拿單、
기 자 약 나 단

作哀歌而悼之、
작 애 가 이 도 지

삼하1:18

其歌名曰弓歌、
기 가 명 왈 궁 가

命教猶大人、
명 교 유 대 인

載於雅煞珥紀、
재 어 아 살 이 기

삼하1:19

歌曰、
가 왈

以色列歟、
이 색 열 여

爾之榮光滅於崇邱、
이 지 영 광 멸 어 숭 구

英武者其亡乎、
영 무 자 기 망 호

삼하1:20

毋告於迦特、
무 고 어 가 특

毋播於亞實基倫衢、
무 파 어 아 실 기 륜 구

恐非利士女歡欣、
공 비 리 사 녀 환 흔

未受割者之女奏凱、
미 수 할 자 지 녀 주 개

삼하1:21

基利波山歟、
기 리 파 산 여

願爾不霑雨露、
원 이 불 점 우 로

無田可產祭品、
무 전 가 산 제 품

蓋英武者之
개 영 무 자 지

干見汚於彼、
간 견 오 어 피

掃羅之干、
소 라 지 간

如未受膏者之干然、
여 미 수 고 자 지 간 연

삼하 1:22

飮見殺者之血、
음 견 살 자 지 혈

剖英武者之脂、
부 영 무 자 지 지

約拿單之弓不却退、
약 나 단 지 궁 불 각 퇴

掃羅之劍不徒返、
소 라 지 검 불 도 반

삼하 1:23

掃羅及約拿單、
소 라 급 약 나 단

生時相愛相悅、
생 시 상 애 상 열

沒時亦弗相離、
몰 시 역 불 상 리

二人疾於鷹、
이 인 질 어 응

强於獅、
강 어 사

삼하 1:24

以色列女歟、
이 색 열 녀 여

爾其爲掃羅哀哭、
이 기 위 소 라 애 곡

彼曾慨然衣
피 증 개 연 의

爾以絳衣、
이 이 강 의

加金飾於爾服、
가 금 식 어 이 복

삼하 1:25

英武者其隕於陣乎、
영 무 자 기 운 어 진 호

約拿單見殺於
약 나 단 견 살 어

爾之崇邱、
이 지 숭 구

삼하 1:26

吾兄約拿單歟、
오 형 약 나 단 여

我爲爾悲傷、
아위이비상

我悅爾殊甚、
아열이수심

爾愛我之情奇異、
이애아지정기이

深於愛婦女之情、
심어애부녀지정

삼하 1:27

英武者其隕乎、
영무자기운호

戰具其亡乎、
전구기망호

撒母耳記下 第二章
살모이기하 제이장

삼하 2:1

厥後、
궐후

大衛詢於耶和華曰、
대위순어야화화왈

我往猶大之邑可否、
아왕유대지읍가부

耶和華曰、
야화화왈

可、
가

曰、
왈

當往何邑、
당 왕 하 읍

曰、
왈

希伯崙、
희 백 륜

삼하2:2

大衛遂往、
대 위 수 왕

其二妻、
기 이 처

耶斯列女亞希暖、
야 사 열 녀 아 희 난

與曾適迦密人拿八之
여 증 적 가 밀 인 나 팔 지

亞比該亦往、
아 비 해 역 왕

삼하2:3

大衛率從者、
대 위 솔 종 자

及其眷聚咸至、
급 기 권 취 함 지

居希伯崙諸邑、
거 희 백 륜 제 읍

삼하2:4

猶大人至、
유 대 인 지

膏大衛爲猶大族王、
고 대 위 위 유 대 족 왕

○

삼하2:5

或告大衛曰、
혹 고 대 위 왈

葬掃羅者、
장 소 라 자

乃基列雅比人也、
내 기 열 아 비 인 야

大衛遣使詣基列雅比
대 위 견 사 예 기 열 아 비

人曰、
인 왈

爾厚待爾主掃羅而葬
이 후 대 이 주 소 라 이 장

之、
지

願耶和華錫嘏於爾、
원 야 화 화 석 하 어 이

삼하2:6

爾旣行此、
이 기 행 차

願耶和華以仁慈誠實
원 야 화 화 이 인 자 성 실

待爾、
대 이

我亦報爾之恩、
아 역 보 이 지 은

삼하2:7

爾主掃羅旣沒、
이 주 소 라 기 몰

猶大族膏我爲其王、
유 대 족 고 아 위 기 왕

爾當强乃手而奮勇、
이 당 강 내 수 이 분 용

○

삼하2:8

掃羅軍長尼珥子押尼
소 라 군 장 니 이 자 압 니

珥、
이

攜掃羅子伊施波設濟
휴 소 라 자 이 시 파 설 제

河、
하

至瑪哈念、
지 마 합 념

삼하2:9

立之爲王、
립 지 위 왕

治基列、
치 기 열

亞書利、
아 서 리

耶斯列、
야 사 열

以法蓮、
이 법 련

便雅憫、
편 아 민

及以色列衆、
급 이 색 열 중

삼하2:10

掃羅子伊施波設立爲
소 라 자 이 시 파 설 립 위

以色列王、
이 색 열 왕

時年四十、
시 년 사 십

在位二年、
재 위 이 년

惟猶大族從大衛、
유 유 대 족 종 대 위

삼 하 2:11

大衛在希伯崙爲猶大
대 위 재 희 백 륜 위 유 대

族王、
족 왕

歷七年有六月、○
력 칠 년 유 육 월

삼 하 2:12

尼珥子押尼珥、
니 이 자 압 니 이

及掃羅子伊施波設之
급 소 라 자 이 시 파 설 지

臣僕、
신 복

出瑪哈念、
출 마 합 념

至基遍、
지 기 편

삼하2:13

洗魯雅子約押、
세 로 아 자 약 압

及大衛之臣僕亦出、
급 대 위 지 신 복 역 출

相遇於基遍池側、
상 우 어 기 편 지 측

一軍坐池左、
일 군 좌 지 좌

一軍坐池右、
일 군 좌 지 우

삼하2:14

押尼珥謂約押曰、
압 니 이 위 약 압 왈

任少者起而戲於我
임 소 자 기 이 희 어 아

前、
전

約押曰、
약 압 왈

可、
가

삼하2:15

遂起、
수 기

各如其數而過、
각 여 기 수 이 과

屬便雅憫、
속 편 아 민

及掃羅子伊施波設者
급 소 라 자 이 시 파 설 자

十二人、
십 이 인

大衛之僕從十二人、
대 위 지 복 종 십 이 인

삼하2:16

互相執首、
호 상 집 수

以刃刺脇、
이 인 자 협

彼此偕僕、
피 차 해 복

故其處稱曰希利甲哈
고 기 처 칭 왈 희 리 갑 합

素林、
소 림

卽在基遍、
즉재기편

삼하2:17

是日戰勢劇烈、
시일전세극렬

押尼珥與以色列人、
압니이여이색열인

敗於大衛之僕從前、
패어대위지복종전

삼하2:18

有洗魯雅三子、
유세로아삼자

約押、
약압

亞比篩、
아비사

亞撒黑在彼、
아살흑재피

亞撒黑足疾如野鹿、
아살흑족질여야록

삼하2:19

追襲押尼珥、
추습압니이

不偏於左、
불편어좌

不偏於右、
불 편 어 우

삼하2:20

押尼珥回顧曰、
압 니 이 회 고 왈

汝爲亞撒黑乎、
여 위 아 살 흑 호

曰、
왈

是也、
시 야

삼하2:21

曰、
왈

爾其偏於左右、
이 기 편 어 좌 우

執一少者、
집 일 소 자

奪其兵甲、
탈 기 병 갑

惟亞撒黑仍追不舍、
유 아 살 흑 잉 추 불 사

삼하2:22

押尼珥曰、
압 니 이 왈

其偏之、
기 편 지

不我追、
불 아 추

奚使我擊爾僕地、
해 사 아 격 이 복 지

若然、
약 연

我何面目、
아 하 면 목

與爾兄約押相見、
여 이 형 약 압 상 견

삼 하 2:23

惟彼弗偏、
유 피 불 편

於是押尼珥以槍鐏刺
어 시 압 니 이 이 창 준 자

其腹、
기 복

自後而出、
자 후 이 출

遂僕而死、
수 복 이 사

凡至其死所者、
범 지 기 사 소 자

皆止焉、
개지언

삼하2:24
約押及亞比篩追押尼珥、
약압급아비사추압니이
至基亞相對之亞瑪岡、
지기아상대지아마강
在基遍野之道、
재기편야지도
時日入矣、
시일입의

삼하2:25
便雅憫人咸集、
편아민인함집
從押尼珥、
종압니이
成爲一隊、
성위일대
立於岡巓、
립어강전

삼하2:26

押尼珥呼約押曰、
압 니 이 호 약 압 왈

刃之吞人、
인 지 탄 인

永不已乎、
영 불 이 호

豈不知終必有苦乎、
기 불 지 종 필 유 고 호

民追兄弟、
민 추 형 제

爾不止之、
이 불 지 지

將至何時、
장 지 하 시

삼하2:27

約押曰、
약 압 왈

我指維生祅上帝而
아 지 유 생 천 상 제 이

誓、
서

如爾無言啟釁、
여 이 무 언 계 흔

則民淸晨已返、
칙 민 청 신 이 반

不追兄弟、
불 추 형 제

삼하2:28

於是約押吹角、
어 시 약 압 취 각

民衆乃止、
민 중 내 지

不追以色列人、
불 추 이 색 열 인

不復戰鬪、
불 복 전 두

삼하2:29

押尼珥及其從者、
압 니 이 급 기 종 자

終夜而行、
종 야 이 행

經亞拉巴、
경 아 랍 파

濟約但、
제 약 단

越畢倫、
월 필 륜

至瑪哈念、○
지마합념

삼하2:30

約押追押尼珥而歸、
약압추압니이이귀

集其民衆、
집기민중

大衛僕從少十九人、
대위복종소십구인

及亞撒黑、
급아살흑

삼하2:31

便雅憫人及押尼珥之
편아민인급압니이지

從者、
종자

爲大衛僕從所殺者、
위대위복종소살자

三百六十人、
삼백육십인

삼하2:32

衆舁亞撒黑、
중여아살흑

葬於父墓、
장어부묘

在伯利恆、
재 백 리 긍

約押及從者、
약 압 급 종 자

終夜而行、
종 야 이 행

至希伯崙、
지 희 백 륜

時適黎明、
시 적 려 명

撒母耳記下 第三章
살 모 이 기 하 제 삼 장

삼하3:1

掃羅家與大衛家、
소 라 가 여 대 위 가

相戰日久、
상 전 일 구

大衛漸强、
대 위 점 강

掃羅家漸弱、○
소 라 가 점 약

삼하3:2

大衛在希伯崙生子、
대 위 재 희 백 륜 생 자

長暗嫩、
장 암 눈

乃耶斯列女亞希暖所
내 야 사 열 녀 아 희 난 소

出、
출

삼 하 3:3

次基利押、
차 기 리 압

乃曾適迦密人拿八之
내 증 적 가 밀 인 나 팔 지

亞比該所出、
아 비 해 소 출

三押沙龍、
삼 압 사 룡

乃基述王達買女瑪迦
내 기 술 왕 달 매 녀 마 가

之子、
지 자

삼 하 3:4

四亞多尼雅、
사 아 다 니 아

乃哈及之子、
내 합 급 지 자

五示法提雅、
오 시 법 제 아

乃亞比他之子、
내 아 비 타 지 자

삼 하 3:5

六以特念、
육 이 특 념

乃大衛妻以格拉所
내 대 위 처 이 격 랍 소

出、
출

此皆大衛在希伯崙所
차 개 대 위 재 희 백 륜 소

生者、○
생 자

삼 하 3:6

掃羅家與大衛家相戰
소 라 가 여 대 위 가 상 전

時、
시

押尼珥在掃羅家自
압 니 이 재 소 라 가 자

强、
강

삼 하 3:7

昔掃羅有妃利斯巴、
석 소 라 유 비 리 사 파

愛亞之女也、
애 아 지 녀 야

伊施波設謂押尼珥
이 시 파 설 위 압 니 이

曰、
왈

爾何與我父之妃同
이 하 여 아 부 지 비 동

室、
실

삼 하 3:8

押尼珥聞言、
압 니 이 문 언

怒甚、
노 심

曰、
왈

我豈爲猶大之犬首
아 기 위 유 대 지 견 수

乎、
호

我厚待爾父掃羅家、
아 후 대 이 부 소 라 가

及其兄弟友朋、
급 기 형 제 우 붕

不以爾付於大衛手、
불 이 이 부 어 대 위 수

今日乃以此婦罪我、
금 일 내 이 차 부 죄 아

삼하3:9

耶和華曾與大衛誓、
야 화 화 증 여 대 위 서

我必爲大衛成其事、
아 필 위 대 위 성 기 사

否則願祆上帝罰我維
부 칙 원 천 상 제 벌 아 유

倍、
배

삼하3:10

我必奪國於掃羅家、
아 필 탈 국 어 소 라 가

立大衛之位、
립 대 위 지 위

治以色列及猶大、
치 이 색 열 급 유 대

自但至別是巴、
자 단 지 별 시 파

삼하3:11

伊施波設畏押尼珥、
이 시 파 설 외 압 니 이

不答一詞、○
불 답 일 사

삼하3:12

押尼珥遣使見大衛
압 니 이 견 사 견 대 위

曰、
왈

斯土屬誰乎、
사 토 속 수 호

又曰、
우 왈

爾與我約、
이 여 아 약

我手必助爾、
아 수 필 조 이

使以色列衆悉歸爾、
사 이 색 열 중 실 귀 이

삼하3:13

曰、
왈

善、
선

我與爾約、
아 여 이 약

惟索一事、
유 색 일 사

爾來見時、
이 래 견 시

必攜掃羅女米甲至、
필 휴 소 라 녀 미 갑 지

否則毋覿我面、
부 칙 무 적 아 면

삼하3:14

大衛遣使見掃羅子伊
대 위 견 사 견 소 라 자 이

施波設曰、
시 파 설 왈

以我妻米甲反我、
이 아 처 미 갑 반 아

即昔我以非利士人之
즉 석 아 이 비 리 사 인 지

陽皮一百所聘者、
양 피 일 백 소 빙 자

삼하3:15

伊施波設遣使、
이시파설견사

自其夫拉億子帕鐵取
자기부랍억자파철취

之、
지

삼하3:16

夫隨其後、
부수기후

且行且哭、
차행차곡

偕至巴戶琳、
해지파호림

押尼珥謂之曰、
압니이위지왈

歸哉、
귀재

乃歸、○
내귀

삼하3:17

押尼珥會與以色列長
압니이증여이색열장

老相議曰、
로상의왈

昔爾求大衛爲爾王、
석 이 구 대 위 위 이 왕

삼하3:18

今可行之、
금 가 행 지

蓋耶和華論大衛曰、
개 야 화 화 론 대 위 왈

我必藉我僕大衛手、
아 필 자 아 복 대 위 수

拯我民以色列、
증 아 민 이 색 열

脱於非利士人、
탈 어 비 리 사 인

及諸敵之手、
급 제 적 지 수

삼하3:19

押尼珥亦與便雅憫人
압 니 이 역 여 편 아 민 인

言之、
언 지

遂往希伯崙、
수 왕 희 백 론

以以色列及便雅憫家
이 이 색 열 급 편 아 민 가

所願者、
소 원 자

告大衛、
고 대 위

삼 하 3:20

押尼珥與從者二十
압 니 이 여 종 자 이 십

人、
인

至希伯崙見大衛、
지 희 백 륜 견 대 위

大衛爲之設筵、
대 위 위 지 설 연

삼 하 3:21

押尼珥謂大衛曰、
압 니 이 위 대 위 왈

我將啟行、
아 장 계 행

集以色列衆、
집 이 색 열 중

歸我主我王、
귀 아 주 아 왕

與爾立約、
여 이 립 약

使爾隨心所欲而王、
사 이 수 심 소 욕 이 왕

大衛遣押尼珥、
대 위 견 압 니 이

遂安然而去、
수 안 연 이 거

삼하3:22

約押及大衛之臣僕、
약 압 급 대 위 지 신 복

侵敵而歸、
침 적 이 귀

大獲貨財、
대 획 화 재

時、
시

押尼珥不與大衛共在
압 니 이 불 여 대 위 공 재

希伯崙、
희 백 륜

已被遣安然而去、
이 피 견 안 연 이 거

삼하3:23

約押與其軍旅旣至、
약 압 여 기 군 려 기 지

或告約押曰、
혹 고 약 압 왈

尼珥子押尼珥來見
니 이 자 압 니 이 래 견

王、
왕

而王遣之、
이 왕 견 지

彼安然而去矣、
피 안 연 이 거 의

삼하3:24

約押詣王曰、
약 압 예 왕 왈

爾何所爲、
이 하 소 위

押尼珥來見、
압 니 이 래 견

奚爲遣之、
해 위 견 지

而彼已去、
이 피 이 거

삼하3:25

爾知尼珥子押尼珥至
이 지 니 이 자 압 니 이 지

此、
차

乃欺爾也、
내기이야

欲窺爾之出入、
욕규이지출입

與爾凡所爲耳、
여이범소위이

삼하3:26

約押旣出、
약압기출

遂遣使追押尼珥、
수견사추압니이

自西拉井擕之返、
자서랍정휴지반

而大衛不知也、
이대위불지야

삼하3:27

押尼珥返希伯崙、
압니이반희백륜

約押引至邑門、
약압인지읍문

佯欲私語、
양욕사어

刺其腹、
자기복

致之死、
치지사

以報流弟亞撒黑血之
이보류제아살흑혈지

仇、
구

삼하3:28

大衛聞之、
대위문지

曰、
왈

流尼珥子押尼珥之
류니이자압니이지

血、
혈

我與我國、
아여아국

在耶和華前、
재야화화전

永無罪辜、
영무죄고

삼하3:29

願歸約押之首、
원 귀 약 압 지 수

與其父全家、
여 기 부 전 가

願約押家、
원 약 압 가

或患白濁、
혹 환 백 탁

或患癩疾、
혹 환 라 질

或扶杖而行、
혹 부 장 이 행

或隕沒於刃、
혹 운 몰 어 인

或乏食、
혹 핍 식

歷世不絕其人、
력 세 불 절 기 인

삼하3:30

約押及弟亞比篩戮押
약 압 급 제 아 비 사 륙 압

尼珥、
니 이

因其於基遍戰場、
인 기 어 기 편 전 장

殺其弟亞撒黑故也、
살 기 제 아 살 흑 고 야

○

삼하3:31

大衛命約押與相從之
대 위 명 약 압 여 상 종 지

衆曰、
중 왈

裂衣束麻、
렬 의 속 마

哀悼於押尼珥前、
애 도 어 압 니 이 전

大衛王隨柩而行、
대 위 왕 수 구 이 행

삼하3:32

葬押尼珥於希伯崙、
장 압 니 이 어 희 백 륜

王於墓旁大聲而哭、
왕 어 묘 방 대 성 이 곡

民衆亦哭、
민 중 역 곡

삼하3:33

王悼押尼珥曰、
왕 도 압 니 이 왈

押尼珥之死、
압 니 이 지 사

可如庸人之亡乎、
가 여 용 인 지 망 호

삼하3:34

爾手未縛、
이 수 미 박

爾足未桎、
이 족 미 질

爾之隕沒、
이 지 운 몰

猶人之亡於匪類也、
유 인 지 망 어 비 류 야

民復哭之、
민 복 곡 지

삼하3:35

日尚未入、
일 상 미 입

民咸至、
민 함 지

請大衛食餅、
청 대 위 식 병

大衛誓曰、
대 위 서 왈

如日未入、
여일미입

而我食餅、
이아식병

或食他物、
혹식타물

願天上帝罰我維倍、
원천상제벌아유배

삼하3:36

民見此、
민견차

則悅、
칙열

凡王所爲、
범왕소위

民皆悅之、
민개열지

삼하3:37

當日以色列民衆、
당일이색열민중

咸知殺尼珥子押尼
함지살니이자압니

珥、
이

非由於王、
비 유 어 왕

삼 하 3:38

王謂臣僕曰、
왕 위 신 복 왈

汝豈不知今日在以色
여 기 불 지 금 일 재 이 색

列中、
열 중

爲牧伯爲大人
위 목 백 위 대 인

者隕沒乎、
자 운 몰 호

삼 하 3:39

我雖受膏爲王、
아 수 수 고 위 왕

今猶荏弱、
금 유 임 약

此洗魯雅之子、
차 세 로 아 지 자

逼我太甚、
핍 아 태 심

願耶和華依惡人之
원 야 화 화 의 악 인 지

惡而報之、
악 이 보 지

撒母耳記下 第四章
살 모 이 기 하 제 사 장

삼하4:1

掃羅子伊施波設聞
소 라 자 이 시 파 설 문

押尼珥死於希伯崙、
압 니 이 사 어 희 백 륜

則喪膽、
칙 상 담

以色列衆亦悚惶、
이 색 열 중 역 송 황

삼하4:2

掃羅子有隊長二人、
소 라 자 유 대 장 이 인

一名巴拿、
일 명 파 나

一名利甲、
일 명 리 갑

皆便雅憫族、
개 편 아 민 족

比錄人臨門子也、
비 록 인 림 문 자 야

蓋比錄屬便雅憫、
개 비 록 속 편 아 민

삼하4:3

昔比錄人遁於基他
석 비 록 인 둔 어 기 타

音、
음

至今仍旅於彼、○
지 금 잉 려 어 피

삼하4:4

掃羅子約拿單有一子
소 라 자 약 나 단 유 일 자

名米非波設、
명 미 비 파 설

跛者也、
파 자 야

昔掃羅及約拿單之音
석 소 라 급 약 나 단 지 음

耗、
모

自耶斯列傳至時、
자 야 사 열 전 지 시

子方五歲、
자 방 오 세

媼抱之而遁、
온 포 지 이 둔

疾趨、
질 추

子墜致跛、○
자 추 치 파

삼하 4:5

一日比錄人臨門子利
일 일 비 록 인 림 문 자 리

甲巴拿、
갑 파 나

於炎熱時、
어 염 열 시

至伊施波設家、
지 이 시 파 설 가

值其午寢、
치 기 오 침

삼하 4:6

入室、
입 실

佯欲取麥、
양 욕 취 맥

삼하 4:7

見伊施波設偃臥於
견 이 시 파 설 언 와 어

牀、
상

則刺其腹而殺之、
칙 자 기 복 이 살 지

斬其首、
참 기 수

取之而去、
취 지 이 거

由亞拉巴道、
유 아 랍 파 도

終夜而行、
종 야 이 행

삼 하 4:8

擕伊施波設之首、
휴 이 시 파 설 지 수

至希伯崙、
지 희 백 륜

見大衛王曰、
견 대 위 왕 왈

爾敵掃羅索爾命、
이 적 소 라 색 이 명

試觀其子伊施波設之
시 관 기 자 이 시 파 설 지

首在此、
수 재 차

今日耶和華報我主我
금 일 야 화 화 보 아 주 아
王之仇於掃羅、
왕 지 구 어 소 라
及其後裔、
급 기 후 예

삼하 4:9

大衛謂之曰、
대 위 위 지 왈
我指贖我命脫諸難、
아 지 속 아 명 탈 제 난
維生之耶和華以誓、
유 생 지 야 화 화 이 서

삼하 4:10

昔有人告我曰、
석 유 인 고 아 왈
掃羅已死、
소 라 이 사
以爲報嘉音、
이 위 보 가 음
我執而戮之於洗革
아 집 이 륙 지 어 세 혁
拉、
랍

此我爲其報信音所加
차 아 위 기 보 신 음 소 가
之賞也、
지 상 야

삼하4:11
況惡人入義者之室、
황 악 인 입 의 자 지 실
殺之於牀、
살 지 어 상
我豈不討其血於爾、
아 기 불 토 기 혈 어 이
絕爾於地乎、
절 이 어 지 호

삼하4:12
遂命少者戮之、
수 명 소 자 륙 지
斷其手足、
단 기 수 족
懸於希伯崙池側、
현 어 희 백 륜 지 측
取伊施波設首、
취 이 시 파 설 수
葬於希伯崙押
장 어 희 백 륜 압

尼珥之墓、
니 이 지 묘

撒母耳記下 第五章
살 모 이 기 하 제 오 장

삼하 5:1

以色列支派咸至希伯
이 색 열 지 파 함 지 희 백

崙、
륜

見大衛曰、
견 대 위 왈

我乃爾之骨肉、
아 내 이 지 골 육

삼하 5:2

昔掃羅爲我王時、
석 소 라 위 아 왕 시

爾率以色列人出入、
이 솔 이 색 열 인 출 입

耶和華謂爾曰、
야 화 화 위 이 왈

爾必爲我民以色列之
이 필 위 아 민 이 색 열 지

牧、
목

而作其君、
이 작 기 군

삼 하 5:3

以色列長老、
이 색 열 장 로

咸至希伯崙見王、
함 지 희 백 륜 견 왕

大衛王在希伯崙、
대 위 왕 재 희 백 륜

於耶和華前與之立
어 야 화 화 전 여 지 립

約、
약

遂膏大衛爲以色列
수 고 대 위 위 이 색 열

王、
왕

삼 하 5:4

大衛卽位時、
대 위 즉 위 시

年三十、
년 삼 십

在位四十年、
재 위 사 십 년

삼하5:5

在希伯崙爲猶大王、
재 희 백 륜 위 유 대 왕

歷七年有六月、
력 칠 년 유 육 월

在耶路撒冷爲以色列
재 야 로 살 랭 위 이 색 열

及猶大王、
급 유 대 왕

歷三十三年、○
력 삼 십 삼 년

삼하5:6

王及從者往耶路撒
왕 급 종 자 왕 야 로 살

冷、
랭

攻斯土之耶布斯人、
공 사 토 지 야 포 사 인

耶布斯人謂大衛曰、
야 포 사 인 위 대 위 왈

爾必不得入此、
이 필 불 득 입 차

瞽者跛者必逐爾、
고 자 파 자 필 축 이

意謂大衛不能入也、
의 위 대 위 불 능 입 야

삼 하 5:7

然大衛取錫安之保
연 대 위 취 석 안 지 보

障、
장

卽大衛城、
즉 대 위 성

삼 하 5:8

當日大衛曰、
당 일 대 위 왈

擊耶布斯人者、
격 야 포 사 인 자

其至水溝、
기 지 수 구

擊大衛中心所惡之跛
격 대 위 중 심 소 악 지 파

者瞽者、
자 고 자

故成諺曰、
고 성 언 왈

有彼瞽者跛者、
유 피 고 자 파 자

人不能入其室、
인 불 능 입 기 실

삼하5:9

大衛居其保障、
대 위 거 기 보 장

名之曰大衛城、
명 지 왈 대 위 성

在米羅之內、
재 미 라 지 내

四周築垣、
사 주 축 원

삼하5:10

大衛日漸昌大、
대 위 일 점 창 대

萬軍之祆上帝耶和華
만 군 지 천 상 제 야 화 화

偕之、○
해 지

삼하5:11

推羅王希蘭遣使見大
추 라 왕 희 란 견 사 견 대

衛、
위

擕香柏及木工石工而
휴 향 백 급 목 공 석 공 이

至、
지

爲大衛建宮室、
위 대 위 건 궁 실

삼하5:12

大衛乃知耶和華立之
대 위 내 지 야 화 화 립 지

爲以色列王、
위 이 색 열 왕

且爲其民以色列振興
차 위 기 민 이 색 열 진 흥

其國、○
기 국

삼하5:13

大衛至自希伯崙、
대 위 지 자 희 백 륜

在耶路撒冷又娶後
재 야 로 살 랭 우 취 후

妃、
비

誕生子女、
탄 생 자 녀

삼하5:14

在耶路撒冷所生者、
재 야 로 살 랭 소 생 자

其名如左、
기 명 여 좌

沙母亞、
사 모 아

朔罷、
삭 파

拿單、
나 단

所羅門、
소 라 문

삼하5:15

益轄、
익 할

以利書亞、
이 리 서 아

尼斐、
니 비

雅非亞、
아 비 아

삼하5:16

以利沙瑪、
이 리 사 마

以利雅大、
이 리 아 대

以利法列、○
이 리 법 열

삼하5:17

非利士人聞大衛受膏
비 리 사 인 문 대 위 수 고

爲以色列王、
위 이 색 열 왕

咸至而索之、
함 지 이 색 지

大衛聞之、
대 위 문 지

乃入保障、
내 입 보 장

삼하5:18

非利士人旣至、
비 리 사 인 기 지

布於利乏音谷、
포 어 리 핍 음 곡

삼하5:19

大衛詢於耶和華曰、
대 위 순 어 야 화 화 왈

我往攻非利士人可
아 왕 공 비 리 사 인 가

否、
부

爾付之於我手乎、
이 부 지 어 아 수 호

耶和華曰、
야 화 화 왈

往哉、
왕 재

我必付之於爾手、
아 필 부 지 어 이 수

삼하5:20

大衛遂至巴力毘拉
대 위 수 지 파 력 비 랍

心、
심

擊之於彼、
격 지 어 피

則曰、
칙 왈

耶和華破敵於我前、
야 화 화 파 적 어 아 전

如水之衝流然、
여 수 지 충 류 연

故其名地曰巴力毘拉
고 기 명 지 왈 파 력 비 랍

心、
심

삼하5:21

敵遺其偶像、
적 유 기 우 상

大衛與從者取之、○
대 위 여 종 자 취 지

삼하5:22

非利士人復至、
비 리 사 인 복 지

布於利乏音谷、
포 어 리 핍 음 곡

삼하5:23

大衛詢於耶和華、
대 위 순 어 야 화 화

耶和華曰、
야 화 화 왈

毋往迎之、
무 왕 영 지

宜繞其後、
의 요 기 후

於桑林相對之所攻
어 상 림 상 대 지 소 공

之、
지

삼하5:24

聞桑杪有步履之聲、
문상초유보리지성

則急往、
칙급왕

蓋耶和華先爾而行、
개야화화선이이행

擊非利士軍旅、
격비리사군려

삼하5:25

大衛遵耶和華命、
대위준야화화명

擊非利士人、
격비리사인

自迦巴至基色、
자가파지기색

撒母耳記下 第六章
살모이기하 제륙장

삼하6:1

大衛又集以色列
대위우집이색열

中所簡三萬人、
중소간삼만인

삼하6:2

起而率之至
기 이 솔 지 지

巴拉猶大、
파 랍 유 대

欲舁祆上帝之匱、
욕 여 천 상 제 지 궤

此匱乃以居
차 궤 내 이 거

基路伯上、
기 로 백 상

萬軍之耶和華
만 군 지 야 화 화

名而名者、
명 이 명 자

삼 하 6:3

取祆上帝之匱、
취 천 상 제 지 궤

載於新車、
재 어 신 차

自山中亞比拿達
자 산 중 아 비 나 달

室而出、
실 이 출

亞比拿達之子
아 비 나 달 지 자

烏撒亞希約禦車、
오 살 아 희 약 어 차

삼하6:4
載匱自亞比拿達
재 궤 자 아 비 나 달

室而出、
실 이 출

亞希約行於匱前、
아 희 약 행 어 궤 전

삼하6:5
大衛與以色列家、
대 위 여 이 색 열 가

舞蹈於耶和華前、
무 도 어 야 화 화 전

以松木樂器、
이 송 목 악 기

及琴瑟鼓鈸鑼作樂、
급 금 슬 고 발 라 작 악

삼하6:6
至拿艮禾場、
지 나 간 화 장

牛蹶、
우 궐

烏撒伸手扶
오 살 신 수 부

祆上帝匱、
천 상 제 궤

삼하 6:7

耶和華怒烏撒、
야 화 화 노 오 살

因其過而擊之、
인 기 과 이 격 지

遂死於祆上帝匱側、
수 사 어 천 상 제 궤 측

삼하 6:8

耶和華擊烏撒、
야 화 화 격 오 살

大衛不悅、
대 위 불 열

稱其地曰
칭 기 지 왈

毘列斯烏撒、
비 열 사 오 살

至於今日、
지 어 금 일

삼하 6:9

是日大衛畏耶和華、
시 일 대 위 외 야 화 화

曰、
왈

耶和華之匱、
야 화 화 지 궤

何可至我所、
하 가 지 아 소

삼하6:10

故大衛不舁耶和華匱
고 대 위 불 여 야 화 화 궤

入大衛城、
입 대 위 성

至於己所、
지 어 기 소

乃轉舁至迦特人俄別
내 전 여 지 가 특 인 아 별

以東室、
이 동 실

삼하6:11

耶和華匱在迦特人俄
야 화 화 궤 재 가 특 인 아

別以東室三月、
별 이 동 실 삼 월

耶和華錫嘏於俄別以
야 화 화 석 하 어 아 별 이

東、
동

及其全家、
급기전가

삼하6:12

或告大衛王曰、
혹고대위왕왈
耶和華緣祆上帝之
야화화연천상제지
匱、
궤
錫嘏於俄別以東家、
석하어아별이동가
及凡所有、
급범소유
大衛遂往、
대위수왕
歡然舁祆上帝匱、
환연여천상제궤
自俄別以東室、
자아별이동실
至大衛城、
지대위성

삼하6:13

舁耶和華匱者旣行六
여야화화궤자기행육

步、
보

大衛獻牛與肥犢各
대위헌우여비독각

一、
일

삼하6:14

大衛衣枲聖衣、
대위의시성의

竭力舞蹈於耶和華
갈력무도어야화화

前、
전

삼하6:15

大衛及以色列家歡呼
대위급이색열가환호

吹角、
취각

舁耶和華匱而至、
여야화화궤이지

삼하6:16

耶和華匱入大衛城
야화화궤입대위성

時、
시

掃羅女米甲自牖而
소 라 녀 미 갑 자 유 이

窺、
규

見大衛王踴躍舞蹈於
견 대 위 왕 용 약 무 도 어

耶和華前、
야 화 화 전

中心鄙夷之、
중 심 비 이 지

삼하6:17

衆舁耶和華匱而入、
중 여 야 화 화 궤 이 입

置於其所、
치 어 기 소

在大衛所張之幕、
재 대 위 소 장 지 막

大衛獻燔祭及酬恩祭
대 위 헌 번 제 급 수 은 제

於耶和華、
어 야 화 화

삼하6:18

獻祭已畢、
헌 제 이 필

則以萬軍之耶和華
칙 이 만 군 지 야 화 화

名、
명

爲民祝嘏、
위 민 축 하

삼하6:19

頒賜以色列衆、
반 사 이 색 열 중

無論男女、
무 론 남 녀

各得餠一方、
각 득 병 일 방

肉一臠、
육 일 련

葡萄乾餠一方、
포 도 건 병 일 방

民衆乃歸、○
민 중 내 귀

삼하6:20

大衛歸、
대 위 귀

爲眷聚祝嘏、
위 권 취 축 하

掃羅女米甲出迓曰、
소라녀미갑출아왈

今日以色列王、
금일이색열왕

何其榮哉、
하기영재

於臣僕之婢前露體、
어신복지비전로체

若鄙夫之無恥、
약비부지무치

삼하6:21

大衛曰、
대위왈

我之爲此、
아지위차

乃在耶和華前、
내재야화화전

彼簡我超於爾父、
피간아초어이부

及其全家、
급기전가

立我爲其民
립아위기민

以色列之君、
이색열지군

故我必舞蹈於其前、
고 아 필 무 도 어 기 전

삼 하 6:22

今必更爲鄙陋、
금 필 경 위 비 루

自視卑賤、
자 시 비 천

惟爾所言之婢、
유 이 소 언 지 비

必尊崇我、
필 존 숭 아

삼 하 6:23

掃羅女米甲
소 라 녀 미 갑

至死無子、
지 사 무 자

撒母耳記下 第七章
살 모 이 기 하 제 칠 장

삼 하 7:1

王居宮室、
왕 거 궁 실

耶和華錫以綏安、
야 화 화 석 이 수 안

得免四周諸敵之擾、
득 면 사 주 제 적 지 요

삼 하 7:2

王謂先知拿單曰、
왕 위 선 지 나 단 왈

我居香柏之室、
아 거 향 백 지 실

而祆上帝之匱乃在帳
이 천 상 제 지 궤 내 재 장

中、
중

삼 하 7:3

拿單曰、
나 단 왈

爾其從心所欲而行、
이 기 종 심 소 욕 이 행

蓋耶和華偕爾、
개 야 화 화 해 이

삼 하 7:4

是夜耶和華諭拿單
시 야 야 화 화 유 나 단

曰、
왈

삼 하 7:5

往告我僕大衛曰、
왕 고 아 복 대 위 왈

耶和華云、
야 화 화 운

爾爲我建室以居乎、
이 위 아 건 실 이 거 호

삼하 7:6

我自導以色列族出埃
아 자 도 이 색 열 족 출 애

及、
급

至於今日、
지 어 금 일

未嘗居室、
미 상 거 실

乃行於帷幕中、
내 행 어 유 막 중

삼하 7:7

凡我與以色列人偕行
범 아 여 이 색 열 인 해 행

之地、
지 지

豈曾語所命牧我民以
기 증 어 소 명 목 아 민 이

色列支派之一者曰、
색 열 지 파 지 일 자 왈

曷不爲我建香柏之室
갈 불 위 아 건 향 백 지 실

乎、
호

삼하7:8

故當謂我僕大衛曰、
고 당 위 아 복 대 위 왈

萬軍之耶和華云、
만 군 지 야 화 화 운

我自羊牢中、
아 자 양 뢰 중

羊羣後、
양 군 후

取爾爲我民以色列之
취 이 위 아 민 이 색 열 지

君、
군

삼하7:9

爾之所往、
이 지 소 왕

我皆與偕、
아 개 여 해

絕爾諸敵、
절 이 제 적

將錫爾大名、
장 석 이 대 명

如世間大人之名、
여 세 간 대 인 지 명

삼하7:10

我欲爲我民以色列定
아 욕 위 아 민 이 색 열 정

一區域、
일 구 역

而栽植之、
이 재 식 지

使居己所、
사 거 기 소

不復遷移、
불 복 천 이

不復遭惡類之窘迫、
불 복 조 악 류 지 군 박

有如疇昔、
유 여 주 석

삼하7:11

及我命士師治我民以
급 아 명 사 사 치 아 민 이

色列時、
색 열 시

我必使爾安居、
아 필 사 이 안 거

得免諸敵之擾、
득 면 제 적 지 요

且耶和華告爾、
차 야 화 화 고 이

耶和華必爲爾建立家
야 화 화 필 위 이 건 립 가

室、
실

삼하7:12

迨爾之日已盈、
태 이 지 일 이 영

與列祖偕眠、
여 열 조 해 면

我必立爾所出之裔以
아 필 립 이 소 출 지 예 이

嗣爾、
사 이

鞏固其國、
공 고 기 국

삼하7:13

彼將爲我名建室、
피 장 위 아 명 건 실

我必固其國位、
아 필 고 기 국 위

歷久弗替、
력 구 불 체

삼하7:14

我將爲其父、
아 장 위 기 부

彼將爲我子、
피 장 위 아 자

彼若作惡、
피 약 작 악

我必以人之杖、
아 필 이 인 지 장

世人之鞭責之、
세 인 지 편 책 지

삼하7:15

惟我仁慈不離之、
유 아 인 자 불 리 지

如昔奪之於掃羅、
여 석 탈 지 어 소 라

卽我爲爾所棄者、
즉 아 위 이 소 기 자

삼하7:16

爾家爾國必堅立、
이 가 이 국 필 견 립

爾位必堅定、
이 위 필 견 정

至於永遠、
지 어 영 원

삼하7:17

拿單循此諸言、
나 단 순 차 제 언

依此啟示、
의 차 계 시

告大衛、○
고 대 위

삼하7:18

大衛王入坐於耶和華
대 위 왕 입 좌 어 야 화 화

前、
전

曰、
왈

主耶和華歟、
주 야 화 화 여

我何人斯、
아 하 인 사

我家若何、
아 가 약 하

爾乃導我至此乎、
이 내 도 아 지 차 호

삼하7:19

主耶和華歟、
주 야 화 화 여

此於爾目、
차 어 이 목

猶以爲小、
유 이 위 소

爾又言及爾僕之家、
이 우 언 급 이 복 지 가

至於久遠、
지 어 구 원

主耶和華歟、
주 야 화 화 여

此豈世人所常有乎、
차 기 세 인 소 상 유 호

或作此亦爲世人之例
혹 작 차 역 위 세 인 지 례

乎
호

삼하7:20

主耶和華歟、
주 야 화 화 여

大衛更有何辭、
대 위 경 유 하 사

蓋爾洞悉爾僕、
개 이 동 실 이 복

삼하7:21

爾行此大事、
이 행 차 대 사

乃踐爾言、
내 천 이 언

循爾志、
순 이 지

使僕知之、
사 복 지 지

삼하7:22

耶和華祆上帝歟、
야 화 화 천 상 제 여

惟爾爲大、
유 이 위 대

依我所聞、
의 아 소 문

無可比擬、
무 가 비 의

爾外無他天上帝、
이 외 무 타 천 상 제

삼하7:23

地上何民、
지 상 하 민

如爾民以色列、
여 이 민 이 색 열

天上帝親往贖之、
천 상 제 친 왕 속 지

以爲己民、
이 위 기 민

而顯己名、
이 현 기 명

且爲爾國、
차 위 이 국

行大而可畏之事、
행 대 이 가 외 지 사

驅逐列邦、
구 축 열 방

及其諸神、
급 기 제 신

於爾自埃及所贖之民
어 이 자 애 급 소 속 지 민

前、
전

삼하7:24

爾立以色列民、
이 립 이 색 열 민

永爲爾民、
영 위 이 민

爾耶和華爲其祆上
이 야 화 화 위 기 천 상

帝、
제

삼하7:25

耶和華祆上帝歟、
야 화 화 천 상 제 여

爾論爾僕、
이 론 이 복

與其家所言者、
여 기 가 소 언 자

求爾堅固之、
구 이 견 고 지

至於永遠、
지 어 영 원

如言而行、
여 언 이 행

삼하7:26

願人永尊爾名爲大、
원 인 영 존 이 명 위 대

曰、
왈

萬軍之耶和華、
만 군 지 야 화 화

乃治以色列之祆上
내 치 이 색 열 지 천 상

帝、
제

爾僕大衛之家、
이 복 대 위 지 가

必堅立於爾前、
필 견 립 어 이 전

삼하 7:27

萬軍之耶和華、
만 군 지 야 화 화

以色列之祆上帝歟、
이 색 열 지 천 상 제 여

旣啟示爾僕曰、
기 계 시 이 복 왈

我必爲爾建立家室、
아 필 위 이 건 립 가 실

故爾僕敢以此而求、
고 이 복 감 이 차 이 구

삼하 7:28

主耶和華歟、
주 야 화 화 여

爾乃祆上帝、
이 내 천 상 제

所言眞實、
소 언 진 실

以此福許爾僕、
이 차 복 허 이 복

삼하7:29

今願錫嘏於爾僕家、
금 원 석 하 어 이 복 가

俾永存於爾前、
비 영 존 어 이 전

主耶和華歟、
주 야 화 화 여

爾旣言之、
이 기 언 지

願爾僕家永享爾福、
원 이 복 가 영 향 이 복

撒母耳記下 第八章
살 모 이 기 하 제 팔 장

삼하8:1

厥後、
궐 후

大衛擊非利士
대위격비리사

人服之、
인복지

奪京都之權於其手、
탈경도지권어기수

삼하8:2

又擊摩押、
우격마압

使其人伏地、
사기인복지

以繩量度、
이승량도

殺戮者二繩之長、
살륙자이승지장

生存者一繩有奇、
생존자일승유기

摩押人遂服役於大
마압인수복역어대

衛、
위

而納貢焉、
이납공언

삼하8:3

瑣巴王利合子哈大底
쇄 파 왕 리 합 자 합 대 저

謝、
사

往河欲恢復其權時、
왕 하 욕 회 복 기 권 시

大衛擊之、
대 위 격 지

삼하8:4

虜其騎兵一千七百、
로 기 기 병 일 천 칠 백

步卒二萬、
보 졸 이 만

禦車之馬、
어 차 지 마

則斷其筋、
칙 단 기 근

惟存百乘之馬、
유 존 백 승 지 마

삼하8:5

大馬色之亞蘭人、
대 마 색 지 아 란 인

來助瑣巴王哈大底
래 조 쇄 파 왕 합 대 저

謝、
사

大衛擊殺其人二萬二
대 위 격 살 기 인 이 만 이

千、
천

삼하8:6

大衛置戍於大馬色之
대 위 치 수 어 대 마 색 지

亞蘭、
아 란

亞蘭人遂服役於大
아 란 인 수 복 역 어 대

衛、
위

而納貢焉、
이 납 공 언

大衛無論何往、
대 위 무 론 하 왕

耶和華使之獲勝、
야 화 화 사 지 획 승

삼하8:7

大衛奪哈大底謝臣僕
대 위 탈 합 대 저 사 신 복

之金盾、
지 금 순

攜至耶路撒冷、
휴 지 야 로 살 랭

삼하8:8

又自屬哈大底謝之比
우 자 속 합 대 저 사 지 비

他比羅他二邑、
타 비 라 타 이 읍

取銅甚多、
취 동 심 다

삼하8:91

0 哈大底謝屢與哈馬
합 대 저 사 루 여 합 마

王陀以戰、
왕 타 이 전

陀以聞大衛擊敗哈大
타 이 문 대 위 격 패 합 대

底謝全軍、
저 사 전 군

遂遣子約蘭見大衛王
수 견 자 약 란 견 대 위 왕

問安、
문 안

爲之祝嘏、
위 지 축 하

約蘭攜金銀銅諸器、
약 란 휴 금 은 동 제 기

삼하8:11

大衛王區別此物、
대 위 왕 구 별 차 물

獻於耶和華、
헌 어 야 화 화

與曩昔所獻降國之金
여 낭 석 소 헌 강 국 지 금

銀同、
은 동

삼하8:12

卽自亞蘭、
즉 자 아 란

摩押、
마 압

亞捫、
아 문

非利士、
비 리 사

亞瑪力諸族、
아 마 력 제 족

及瑣巴王利合子哈大
급 쇄 파 왕 리 합 자 합 대
底謝所獲之物、
저 사 소 획 지 물

삼하8:13
大衛於鹽谷、
대 위 어 염 곡
擊殺亞蘭人一萬八千
격 살 아 란 인 일 만 팔 천
而歸、
이 귀
得其名譽、
득 기 명 예

삼하8:14
置戍於以東全國、
치 수 어 이 동 전 국
以東人咸服役於大
이 동 인 함 복 역 어 대
衛、
위
大衛無論何往、
대 위 무 론 하 왕
耶和華使之獲勝、○
야 화 화 사 지 획 승

삼하8:15

大衛爲以色列全族之
대 위 위 이 색 열 전 족 지

王、
왕

爲其民衆施行公義、
위 기 민 중 시 행 공 의

삼하8:16

洗魯雅子約押爲軍
세 로 아 자 약 압 위 군

長、
장

亞希律子約沙法爲史
아 희 률 자 약 사 법 위 사

官、
관

삼하8:17

亞希突子撒督、
아 희 돌 자 살 독

與亞比亞他子
여 아 비 아 타 자

亞希米勒爲祭司、
아 희 미 륵 위 제 사

西萊雅爲繕寫、
서 래 아 위 선 사

삼하8:18

耶何耶大子比拿雅
야 하 야 대 자 비 나 아

統轄基利提人、
통 할 기 리 제 인

比利提人、
비 리 제 인

大衛衆子爲相、
대 위 중 자 위 상

撒母耳記下 第九章
살 모 이 기 하 제 구 장

삼하9:1

大衛曰、
대 위 왈

掃羅家尙有遺存者
소 라 가 상 유 유 존 자

乎、
호

我緣約拿單故、
아 연 약 나 단 고

將施仁慈於彼、
장 시 인 자 어 피

삼하9:2

掃羅家有僕名洗巴、
소라가유복명세파

或召之見大衛、
혹소지견대위

王曰、
왕왈

爾洗巴乎、
이세파호

曰、
왈

僕是也、
복시야

삼하9:3

王曰、
왕왈

掃羅家尙有人乎、
소라가상유인호

我以祆上帝之仁慈待之、
아이천상제지인자대지

洗巴曰、
세파왈

約拿單尙有一子、
약나단상유일자

跛者也、
파 자 야

삼하 9:4

王曰、
왕 왈

彼何在、
피 하 재

曰、
왈

在羅底巴亞米利子瑪
재 라 저 파 아 미 리 자 마

吉家、
길 가

삼하 9:5

大衛王遣人自羅底巴
대 위 왕 견 인 자 라 저 파

亞米利子瑪吉家、
아 미 리 자 마 길 가

攜之而至、
휴 지 이 지

삼하 9:6

掃羅孫、
소 라 손

約拿單子米非波設詣
약 나 단 자 미 비 파 설 예

大衛、
대 위

伏地而拜、
복 지 이 배

大衛曰、
대 위 왈

米非波設歟、
미 비 파 설 여

曰、
왈

爾僕在此、
이 복 재 차

삼 하 9:7

大衛曰、
대 위 왈

毋懼、
무 구

我緣爾父約拿單故、
아 연 이 부 약 나 단 고

必施仁慈於爾、
필 시 인 자 어 이

以爾祖掃羅之田、
이 이 조 소 라 지 전

悉反於爾、
실 반 어 이

爾可恆食於我席、
이 가 긍 식 어 아 석

삼하9:8

米非波設拜曰、
미 비 파 설 배 왈

僕何人斯、
복 하 인 사

若此死犬、
약 차 사 견

而得爾之眷顧乎、
이 득 이 지 권 고 호

삼하9:9

왕하 掃羅僕洗巴曰、
소 라 복 세 파 왈

凡屬掃羅及其家者、
범 속 소 라 급 기 가 자

我已咸賜爾主之子、
아 이 함 사 이 주 지 자

삼하9:10

爾與爾子爾僕、
이 여 이 자 이 복

必爲之耕田、
필 위 지 경 전

納其所產、
납 기 소 산

使 爾 主 之 子 有 糧 可
사 이 주 지 자 유 량 가

食、
식

惟 爾 主 之 子 米 非 波
유 이 주 지 자 미 비 파

設、
설

必 恆 食 於 我 席、
필 긍 식 어 아 석

洗 巴 有 子 十 五 人、
세 파 유 자 십 오 인

僕 二 十 人、
복 이 십 인

삼하 9:11

洗 巴 謂 王 曰、
세 파 위 왕 왈

我 主 我 王 所 命、
아 주 아 왕 소 명

爾 僕 必 悉 行 之、
이 복 필 실 행 지

米 非 波 設 乃 食 於 王
미 비 파 설 내 식 어 왕

席、
석

與王子同、
여 왕 자 동

삼하9:12

米非波設有幼
미 비 파 설 유 유

子名米迦、
자 명 미 가

凡居洗巴家者、
범 거 세 파 가 자

皆爲米非波設之僕、
개 위 미 비 파 설 지 복

삼하9:13

米非波設居
미 비 파 설 거

耶路撒冷、
야 로 살 랭

恆食於王席、
긍 식 어 왕 석

二足俱跛、
이 족 구 파

撒母耳記下 第十章
살 모 이 기 하 제 십 장

삼하10:1

厥後、
궐 후

亞捫族王沒、
아 문 족 왕 몰

其子哈嫩嗣位、
기 자 합 눈 사 위

삼하10:2

大衛曰、
대 위 왈

昔哈嫩父拿轄
석 합 눈 부 나 할

施仁慈於我、
시 인 자 어 아

今我將施仁慈
금 아 장 시 인 자

於其子哈嫩、
어 기 자 합 눈

遂遣僕往、
수 견 복 왕

唁其喪父、
언 기 상 부

大衛僕至亞捫族地、
대 위 복 지 아 문 족 지

삼하10:3

亞捫族之牧伯謂
아 문 족 지 목 백 위

其主哈嫩曰、
기 주 합 눈 왈

大衛遣唁者詣爾、
대 위 견 언 자 예 이

爾意大衛果敬
이 의 대 위 과 경

爾父乎、
이 부 호

大衛遣僕詣爾、
대 위 견 복 예 이

詎非窺察此城、
거 비 규 찰 차 성

而傾之耶、
이 경 지 야

삼하10:4

哈嫩遂執大衛僕、
합 눈 수 집 대 위 복

薙其鬚之半、
치 기 수 지 반

中斷其衣至臀、
중 단 기 의 지 둔

而遣之歸、
이 견 지 귀

삼하10:5

其人深以爲恥、
기 인 심 이 위 치

或以告大衛、
혹 이 고 대 위

乃遣人迎之曰、
내 견 인 영 지 왈

可居耶利哥、
가 거 야 리 가

俟須長而後歸、○
사 수 장 이 후 귀

삼하10:6

亞捫族知己爲大衛所
아 문 족 지 기 위 대 위 소

惡、
악

遂遣人募伯利合與瑣
수 견 인 모 백 리 합 여 쇄

巴之亞蘭人、
파 지 아 란 인

步卒二萬、
보 졸 이 만

及瑪迦王所偕之人一
급 마 가 왕 소 해 지 인 일

千、
천

陀伯人一萬二千、
타 백 인 일 만 이 천

삼하10:7

大衛聞之、
대 위 문 지

則遣約押率勇士全
칙 견 약 압 솔 용 사 전

軍、
군

삼하10:8

亞捫族出、
아 문 족 출

列陳於邑門、
열 진 어 읍 문

瑣巴利合之亞蘭人、
쇄 파 리 합 지 아 란 인

及陀伯人、
급 타 백 인

瑪迦人、
마 가 인

別列於野、
별 열 어 야

삼하10:9

約押見其前後列陳、
약 압 견 기 전 후 열 진

則簡以色列之精兵、
칙 간 이 색 열 지 정 병

陳列行伍、
진 열 행 오

以禦亞蘭人、
이 어 아 란 인

삼하10:10

以餘軍付弟亞比篩、
이 여 군 부 제 아 비 사

陳列行伍、
진 열 행 오

以禦亞捫族、
이 어 아 문 족

삼하10:11

曰、
왈

如亞蘭人强於我、
여 아 란 인 강 어 아

爾則助我、
이 칙 조 아

如亞捫人强於爾、
여 아 문 인 강 어 이

我則助爾、
아 칙 조 이

삼하10:12

宜强乃志、
의 강 내 지

爾我當爲我民、
이 아 당 위 아 민

及我祆上帝邑、
급 아 천 상 제 읍

爲大丈夫、
위 대 장 부

願耶和華成其所欲、
원 야 화 화 성 기 소 욕

삼하10:13

約押與所偕之民、
약 압 여 소 해 지 민

進與亞蘭人戰、
진 여 아 란 인 전

亞蘭人遁於其前、
아 란 인 둔 어 기 전

삼하10:14

亞捫族見亞蘭人遁、
아 문 족 견 아 란 인 둔

亦遁於亞比篩前、
역 둔 어 아 비 사 전

而入於邑、
이 입 어 읍

約押遂離亞捫族、
약 압 수 리 아 문 족

返耶路撒冷、○
반 야 로 살 랭

삼하10:15

亞蘭人見己爲以色列
아 란 인 견 기 위 이 색 열

所敗、
소 패

則咸集焉、
칙 함 집 언

삼하10:16

哈大底謝遣使招河外
합 대 저 사 견 사 초 하 외

之亞蘭人出、
지 아 란 인 출

遂至希蘭、
수 지 희 란

哈大底謝之軍長朔法
합 대 저 사 지 군 장 삭 법

率之、
솔 지

삼하10:17

或告大衛、
혹 고 대 위

遂集以色列衆、
수 집 이 색 열 중

濟約但、
제 약 단

至希蘭、
지 희 란

亞蘭人列陳、
아 란 인 열 진

與大衛戰、
여 대 위 전

삼하10:18

亞蘭人遁於以色列衆
아 란 인 둔 어 이 색 열 중

前、
전

大衛戮其戰車七百乘
대 위 륙 기 전 차 칠 백 승

之卒、
지 졸

騎兵四萬、
기 병 사 만

擊其軍長朔法、
격 기 군 장 삭 법

致死於彼、
치 사 어 피

삼하10:19

臣服哈大底謝
신 복 합 대 저 사

之諸王、
지 제 왕

見其爲以色列所敗、
견 기 위 이 색 열 소 패

遂與以色列修好、
수 여 이 색 열 수 호

而服事之、
이 복 사 지

嗣後亞蘭人不敢助
사 후 아 란 인 불 감 조

亞捫族、
아 문 족

撒母耳記下 第十一
살 모 이 기 하 제 십 일

章
장

삼하11:1

歲初、
세 조

列王出戰時、
열 왕 출 전 시

大衛遣約押偕其臣
대 위 견 약 압 해 기 신

僕、
복

及以色列衆出、
급 이 색 열 중 출

遂敗亞捫族、
수 패 아 문 족

圍拉巴、
위 랍 파

大衛居於耶路撒冷、
대 위 거 어 야 로 살 랭

○

삼하11:2

日夕大衛自牀起、
일 석 대 위 자 상 기

遊行於宮巔、
유 행 어 궁 전

見一婦沐浴、
견 일 부 목 욕

貌甚美、
모 심 미

삼하11:3
大衛遣人問婦爲誰、
대 위 견 인 문 부 위 수

或曰、
혹 왈

非以連女、
비 이 련 녀

赫人烏利亞妻拔示巴
혁 인 오 리 아 처 발 시 파

乎、
호

삼하11:4
大衛遣使取之、
대 위 견 사 취 지

旣至、
기 지

濯其不潔、
탁 기 불 결

大衛與之同寢、
대 위 여 지 동 침

婦乃歸、
부 내 귀

삼하11:5

婦懷姙、
부 회 임

遣人告大衛曰、
견 인 고 대 위 왈

我懷姙矣、
아 회 임 의

삼하11:6

大衛遣人諭約押曰、
대 위 견 인 유 약 압 왈

遣赫人烏利亞見我、
견 혁 인 오 리 아 견 아

約押遂遣之入覲、
약 압 수 견 지 입 근

삼하11:7

烏利亞旣至、
오 리 아 기 지

大衛問約押若何、
대 위 문 약 압 약 하

民衆之況若何、
민 중 지 황 약 하

戰事之效若何、
전 사 지 효 약 하

삼하11:8

又謂烏利亞曰、
우 위 오 리 아 왈

爾其歸家濯足、
이 기 귀 가 탁 족

烏利亞出王宮、
오 리 아 출 왕 궁

王賜饌隨其後、
왕 사 찬 수 기 후

삼하11:9

惟烏利亞寢於宮門、
유 오 리 아 침 어 궁 문

與其主之僕偕、
여 기 주 지 복 해

不歸私第、
불 귀 사 제

삼하11:10

或告大衛曰、
혹 고 대 위 왈

烏利亞未歸其第、
오 리 아 미 귀 기 제

大衛謂烏利亞曰、
대 위 위 오 리 아 왈

爾非自遄徵而至乎、
이 비 자 천 징 이 지 호

奚不歸第、
해 불 귀 제

삼하11:11

烏利亞曰、
오 리 아 왈

匱及以色列猶大族、
궤 급 이 색 열 유 대 족

咸居柴柵、
함 거 시 책

我主約押與我主之
아 주 약 압 여 아 주 지

僕、
복

屯於田野、
둔 어 전 야

我豈可歸第飮食、
아 기 가 귀 제 음 식

與妻偕寢乎、
여 처 해 침 호

我指爾及爾生命以
아 지 이 급 이 생 명 이

誓、
서

我決不爲此、
아 결 불 위 차

삼하11:12

大衛曰、
대위왈

今日仍居於此、
금일잉거어차

明日我遣爾往、
명일아견이왕

烏利亞是日居耶路撒
오리아시일거야로살

冷、
랭

삼하11:13

翌日、
익일

大衛召之、
대위소지

乃飲食於其前、
내음식어기전

大衛使之醉、
대위사지취

至夕而出、
지석이출

仍寢於牀、
잉침어상

與其主之僕偕、
여 기 주 지 복 해

不歸其第、
불 귀 기 제

삼하11:14

詰朝、
힐 조

大衛致書約押、
대 위 지 서 약 압

付於烏利亞手以達、
부 어 오 리 아 수 이 달

삼하11:15

書曰、
서 왈

可置烏利亞於前茅、
가 치 오 리 아 어 전 모

劇戰之處、
극 전 지 처

爾衆則退、
이 중 칙 퇴

俾其被擊而死、
비 기 피 격 이 사

삼하11:16

約押窺城、
약 압 규 성

知敵勇士所在、
지 적 용 사 소 재

則委烏利亞於彼、
칙 위 오 리 아 어 피

삼하 11:17

邑人出、
읍 인 출

與約押戰、
여 약 압 전

大衛之僕、
대 위 지 복

沒者數人、
몰 자 수 인

赫人烏利亞亦死、
혁 인 오 리 아 역 사

삼하 11:18

約押遣人以戰事告大衛、
약 압 견 인 이 전 사 고 대 위

삼하 11:19

囑使者曰、
촉 사 자 왈

爾以戰事告王旣畢、
이 이 전 사 고 왕 기 필

삼하11:20

如王怒曰、
여 왕 노 왈

爾何迫城以戰、
이 하 박 성 이 전

豈不知敵必自城而射
기 불 지 적 필 자 성 이 사

乎、
호

삼하11:21

耶路比設子亞比米勒
야 로 비 설 자 아 비 미 륵

爲誰所擊、
위 수 소 격

非婦自城擲磨石於其
비 부 자 성 척 마 석 어 기

身、
신

而彼死於提備斯乎、
이 피 사 어 제 비 사 호

爾傅於城何耶、
이 부 어 성 하 야

則曰、
칙 왈

爾僕赫人烏利亞亦
이복혁인오리아역

死、
사

삼하11:22

使者遂行、
사자수행

見大衛、
견대위

以約押所命告之、
이약압소명고지

삼하11:23

曰、
왈

敵勝於我、
적승어아

出而逆我於野、
출이역아어야

我追襲之、
아추습지

逼近城門、
핍근성문

삼하11:24

射者自城射爾僕、
사자자성사이복

王之僕中、
왕 지 복 중

數人隕亡、
수 인 운 망

爾僕赫人烏利亞亦
이 복 혁 인 오 리 아 역

死、
사

삼하11:25

大衛謂使者曰、
대 위 위 사 자 왈

爾其語約押曰、
이 기 어 약 압 왈

毋以此爲憂、
무 이 차 위 우

刃之呑人、
인 지 탄 인

或彼或此、
혹 피 혹 차

當益奮厥力、
당 익 분 궐 력

攻城而毁之、
공 성 이 훼 지

以此勉勵約押、
이 차 면 려 약 압

삼하11:26

烏利亞妻聞夫
오 리 아 처 문 부

烏利亞死、
오 리 아 사

爲之哀哭、
위 지 애 곡

삼하11:27

喪事旣畢、
상 사 기 필

大衛召之入宮、
대 위 소 지 입 궁

遂爲其妻、
수 위 기 처

因而生子、
인 이 생 자

然大衛所爲、
연 대 위 소 위

耶和華不悅之、
야 화 화 불 열 지

撒母耳記下 第十二章
살 모 이 기 하 제 십 이 장

삼하 12:1

耶和華遣拿單
야 화 화 견 나 단

見大衛、
견 대 위

遂詣之、
수 예 지

曰、
왈

有二人居於一邑、
유 이 인 거 어 일 읍

一富一貧、
일 부 일 빈

삼하 12:2

富者牛羊甚多、
부 자 우 양 심 다

삼하 12:3

貧者無所有、
빈 자 무 소 유

惟一小牝羔、
유 일 소 빈 고

乃彼所購而養者、
내 피 소 구 이 양 자

與彼及子同長、
여 피 급 자 동 장

食其食、
식 기 식

飮其杯、
음 기 배

臥於其懷、
와 어 기 회

視若己女、
시 약 기 녀

삼하12:4

有旅人詣富者、
유 려 인 예 부 자

富者惜其牛羊、
부 자 석 기 우 양

不以供客、
불 이 공 객

乃取貧者之羔、
내 취 빈 자 지 고

備而供之、
비 이 공 지

삼하12:5

大衛甚怒其人、
대 위 심 노 기 인

謂拿單曰、
위 나 단 왈

我指維生之耶和華以
아 지 유 생 지 야 화 화 이
誓、
서
行此者宜死、
행 차 자 의 사

삼하12:6

必償其羔四倍、
필 상 기 고 사 배
緣彼行此事、
연 피 행 차 사
無憐憫也、○
무 련 민 야

삼하12:7

拏單謂大衛曰、
나 단 위 대 위 왈
爾卽其人也、
이 즉 기 인 야
以色列之祆上帝耶和
이 색 열 지 천 상 제 야 화
華云、
화 운
我膏爾爲以色列王、
아 고 이 위 이 색 열 왕

援爾於掃羅手、
원 이 어 소 라 수

삼하12:8

以爾主之家業賜爾、
이 이 주 지 가 업 사 이

以爾主之妻室付於爾
이 이 주 지 처 실 부 어 이

懷、
회

以以色列及猶大家畀
이 이 색 열 급 유 대 가 비

爾、
이

若以爲寡、
약 이 위 과

我必有以加之、
아 필 유 이 가 지

삼하12:9

爾何藐視耶和華命、
이 하 막 시 야 화 화 명

行其所惡、
행 기 소 악

藉亞捫族之刃、
자 아 문 족 지 인

擊殺赫人烏利亞、
격 살 혁 인 오 리 아

而取其妻爲妻、
이 취 기 처 위 처

삼하12:10

爾旣藐視我、
이 기 막 시 아

而取赫人烏利亞妻爲
이 취 혁 인 오 리 아 처 위

妻、
처

故兵刃永不離爾家、
고 병 인 영 불 리 이 가

삼하12:11

耶和華又曰、
야 화 화 우 왈

我必肇禍於爾家、
아 필 조 화 어 이 가

加諸爾身、
가 제 이 신

以爾妻室付於他人、
이 이 처 실 부 어 타 인

爲爾目擊、
위 이 목 격

彼於日光之下、
피 어 일 광 지 하

與之同寢、
여 지 동 침

삼하12:12

爾行之於隱、
이 행 지 어 은

我則行之於日光之
아 칙 행 지 어 일 광 지

下、
하

爲以色列衆目擊、
위 이 색 열 중 목 격

삼하12:13

大衛謂拿單曰、
대 위 위 나 단 왈

我獲罪於耶和華矣、
아 획 죄 어 야 화 화 의

拿單曰、
나 단 왈

耶和華已宥爾罪、
야 화 화 이 유 이 죄

不致死亡、
불 치 사 망

삼하12:14

然爾行此、
연 이 행 차

使耶和華之敵得毀謗
사 야 화 화 지 적 득 훼 방

之由、
지 유

故爾所生之子必死、
고 이 소 생 지 자 필 사

삼하12:15

拿單乃歸、
나 단 내 귀

耶和華擊烏利亞妻爲
야 화 화 격 오 리 아 처 위

大衛所生之子、
대 위 소 생 지 자

使之疾甚、
사 지 질 심

삼하12:16

大衛爲子祈禱祆上
대 위 위 자 기 도 천 상

帝、
제

禁食、
금 식

入室終夜伏地、
입 실 종 야 복 지

삼하12:17
家之老者侍側、
가 지 로 자 시 측
欲自地起之、
욕 자 지 기 지
大衛不從、
대 위 불 종
亦不偕食、
역 불 해 식

삼하12:18
越至七日、
월 지 칠 일
子死、
자 사
大衛之僕不敢以子死
대 위 지 복 불 감 이 자 사
告之、
고 지
蓋曰、
개 왈
子尚生時、
자 상 생 시

我與之言、
아 여 지 언

彼不之聽、
피 불 지 청

若以子死相告、
약 이 자 사 상 고

其憂傷將何如乎、
기 우 상 장 하 여 호

삼하12:19

大衛見僕切切私語、
대 위 견 복 절 절 사 어

知子已死、
지 자 이 사

問僕曰、
문 복 왈

子死乎、
자 사 호

曰、
왈

死矣、
사 의

삼하12:20

大衛自地而起、
대 위 자 지 이 기

沐浴、
목 욕

膏身、
고 신

更衣、
경 의

入耶和華室而崇拜、
입 야 화 화 실 이 숭 배

回宮命具饌、
회 궁 명 구 찬

則設席而食、
칙 설 석 이 식

삼하 12:21

僕曰、
복 왈

爾所爲者何耶、
이 소 위 자 하 야

子尚生時、
자 상 생 시

爾爲之禁食哭泣、
이 위 지 금 식 곡 읍

子死、
자 사

乃起而食、
내 기 이 식

삼하12:22

曰、
왈

子尚生時、
자 상 생 시

我之禁食哭泣、
아 지 금 식 곡 읍

蓋曰、
개 왈

耶和華或施恩於我、
야 화 화 혹 시 은 어 아

俾子生存、
비 자 생 존

未可知也、
미 가 지 야

삼하12:23

今子已死、
금 자 이 사

禁食何爲、
금 식 하 위

豈能使之返乎、
기 능 사 지 반 호

我必往彼所、
아 필 왕 피 소

彼不返於我、
피 불 반 어 아

삼하12:24

大衛慰其妻拔示巴、
대 위 위 기 처 발 시 파

入而與之同寢、
입 이 여 지 동 침

婦乃生子、
부 내 생 자

命名所羅門、
명 명 소 라 문

耶和華愛之、
야 화 화 애 지

삼하12:25

藉先知拿單名子曰耶
자 선 지 나 단 명 자 왈 야

底底亞、
저 저 아

緣耶和華之故也、○
연 야 화 화 지 고 야

삼하12:26

約押攻亞捫族之拉
약 압 공 아 문 족 지 랍

巴、
파

取其王城、
취 기 왕 성

삼하12:27

遣使見大衛曰、
견 사 견 대 위 왈

我攻拉巴、
아 공 랍 파

取其水城、
취 기 수 성

삼하12:28

今爾可集餘民、
금 이 가 집 여 민

建營攻而取之、
건 영 공 이 취 지

免爲我取、
면 위 아 취

人以我名名之、
인 이 아 명 명 지

삼하12:29

大衛乃集民衆往拉
대 위 내 집 민 중 왕 랍

巴、
파

攻而取之、
공 이 취 지

삼하12:30

奪其王首之冕、
탈 기 왕 수 지 면

其金重一他連得、
기 금 중 일 타 련 득

飾以寶石、
식 이 보 석

置於大衛首、
치 어 대 위 수

又自邑中、
우 자 읍 중

擕出貨財甚多、
휴 출 화 재 심 다

삼하12:31

且出其邑民、
차 출 기 읍 민

使之服役於鋸、
사 지 복 역 어 거

及鐵耙與鐵斧、
급 철 파 여 철 부

或服役於瓦窯、
혹 복 역 어 와 요

大衛待亞捫族諸邑、
대 위 대 아 문 족 제 읍

皆若是、
개약시

大衛率民衆歸
대위솔민중귀

耶路撒冷、
야로살랭

撒母耳記下 第十三章
살모이기하 제십삼장

삼하 13:1

大衛子押沙龍
대위자압사룡

有妹貌美、
유매모미

名曰他瑪、
명왈타마

大衛子暗嫩愛之、
대위자암눈애지

삼하 13:2

暗嫩爲其妹他瑪、
암눈위기매타마

抑鬱成疾、
억울성질

他瑪乃處子、
타 마 내 처 자

暗嫩自知難與之近、
암 눈 자 지 난 여 지 근

삼하13:3

暗嫩有友名約拿達、
암 눈 유 우 명 약 나 달

乃大衛兄示米亞子、
내 대 위 형 시 미 아 자

爲人甚狡、
위 인 심 교

삼하13:4

謂暗嫩曰、
위 암 눈 왈

王子歟、
왕 자 여

爾日益瘠瘦、
이 일 익 척 수

曷故、
갈 고

爾不告我乎、
이 불 고 아 호

暗嫩曰、
암 눈 왈

我愛弟押沙龍之妹他
아 애 제 압 사 룡 지 매 타

瑪、
마

삼하13:5

約拿達曰、
약 나 달 왈

可臥於牀、
가 와 어 상

佯爲遘疾、
양 위 구 질

父來視爾、
부 래 시 이

則謂之曰、
칙 위 지 왈

請容我妹他瑪至此、
청 용 아 매 타 마 지 차

以食與我、
이 식 여 아

備於我前、
비 어 아 전

使我見之、
사 아 견 지

我由其手受而食之、
아 유 기 수 수 이 식 지

삼하13:6

暗嫩遂臥、
암 눈 수 와

佯爲遘疾、
양 위 구 질

王來視之、
왕 래 시 지

暗嫩曰、
암 눈 왈

請容我妹他瑪、
청 용 아 매 타 마

來作二餠於我前、
래 작 이 병 어 아 전

我由其手受而食之、
아 유 기 수 수 이 식 지

삼하13:7

大衛遣人入內諭他瑪
대 위 견 인 입 내 유 타 마

曰、
왈

往爾兄暗嫩室、
왕 이 형 암 눈 실

爲之備饌、
위 지 비 찬

삼하13:8

他瑪往其兄暗嫩室、
타 마 왕 기 형 암 눈 실

見暗嫩偃臥、
견 암 눈 언 와

遂取溼麪摶於其前、
수 취 습 면 단 어 기 전

作餅炊之、
작 병 취 지

삼하13:9

以釜傾於其前、
이 부 경 어 기 전

暗嫩不食、
암 눈 불 식

曰、
왈

屛衆、
병 중

遂咸出、
수 함 출

삼하13:10

暗嫩謂他瑪曰、
암 눈 위 타 마 왈

攜餅入內室、
휴 병 입 내 실

我由爾手受而食之、
아 유 이 수 수 이 식 지

他瑪取所作之餅、
타 마 취 소 작 지 병

攜入內室、
휴 입 내 실

至其兄暗嫩、
지 기 형 암 눈

삼하13:11

進而食之、
진 이 식 지

暗嫩執之、
암 눈 집 지

曰、
왈

我妹與我同寢、
아 매 여 아 동 침

삼하13:12

曰、
왈

我兄不可、
아 형 불 가

毋玷辱我、
무 점 욕 아

在以色列中不可行
재 이 색 열 중 불 가 행

此、
차

毋爲此愚妄之事、
무 위 차 우 망 지 사

삼하13:13

我負斯辱、
아 부 사 욕

將焉往、
장 언 왕

爾在以色列中、
이 재 이 색 열 중

必如愚妄人矣、
필 여 우 망 인 의

祈言於王、
기 언 어 왕

必不禁我歸爾、
필 불 금 아 귀 이

삼하13:14

暗嫩不聽其言、
암 눈 불 청 기 언

因强於彼、
인 강 어 피

強與同寢、
강 여 동 침

삼하13:15

厥後、
궐 후

暗嫩憾之極甚、
암 눈 감 지 극 심

其憾之之情、
기 감 지 지 정

較愛之之情更切、
교 애 지 지 정 경 절

遂謂之曰、
수 위 지 왈

起、
기

往哉、
왕 재

삼하13:16

他瑪曰、
타 마 왈

不可、
불 가

爾遣我去、
이 견 아 거

較前所行、
교 전 소 행

其咎尤重、
기 구 우 중

暗嫩不聽、
암 눈 불 청

삼하13:17

呼侍立之僕曰、
호 시 립 지 복 왈

驅此女出、
구 차 녀 출

從而上楗、
종 이 상 건

삼하13:18

時、
시

他瑪衣彩衣、
타 마 의 채 의

循王女處室之製也、
순 왕 녀 처 실 지 제 야

僕攜之出、
복 휴 지 출

從而上楗、
종 이 상 건

삼하13:19

他瑪裂其彩衣、
타 마 렬 기 채 의

蒙灰於首、
몽 회 어 수

按手其上、
안 수 기 상

且行且哭、
차 행 차 곡

삼하13:20

其兄押沙龍謂之曰、
기 형 압 사 룡 위 지 왈

爾兄暗嫩與爾偕乎、
이 형 암 눈 여 이 해 호

我妹今且緘默、
아 매 금 차 함 묵

彼乃爾兄、
피 내 이 형

勿以爲意、
물 이 위 의

於是他瑪在兄押沙龍
어 시 타 마 재 형 압 사 룡

家獨處、
가 독 처

삼하13:21

大衛王聞之、
대 위 왕 문 지

怒甚、
노 심

삼하13:22

押沙龍因暗嫩強玷其
압 사 룡 인 암 눈 강 점 기

妹他瑪、
매 타 마

憾之、
감 지

善惡之言、
선 악 지 언

俱不與語、○
구 불 여 어

삼하13:23

越二年、
월 이 년

有人爲押沙龍剪羊毛
유 인 위 압 사 룡 전 양 모

在近以法蓮之巴力夏
재 근 이 법 련 지 파 력 하

瑣、
쇄

押沙龍邀王衆子、
압 사 룡 요 왕 중 자

삼하13:24

乃覲王曰、
내 근 왕 왈

有人爲僕剪羊毛、
유 인 위 복 전 양 모

請王及臣僕、
청 왕 급 신 복

與爾僕偕往、
여 이 복 해 왕

삼하13:25

王曰、
왕 왈

吾子、
오 자

我儕無庸俱往、
아 제 무 용 구 왕

恐累爾、
공 루 이

押沙龍固請之、
압 사 룡 고 청 지

亦不往、
역 불 왕

第爲祝嘏、
제위축하

삼하13:26

押沙龍曰、
압사룡왈

如爾不往、
여이불왕

則請許兄暗嫩偕往、
칙청허형암눈해왕

王曰、
왕왈

彼偕爾往、
피해이왕

曷故、
갈고

삼하13:27

押沙龍固請之、
압사룡고청지

乃使暗嫩及王衆子偕
내사암눈급왕중자해

往、
왕

삼하13:28

押沙龍命其僕曰、
압사룡명기복왈

當伺暗嫩飲酒快心、
당 사 암 눈 음 주 쾌 심

我諭爾曰擊暗嫩、
아 유 이 왈 격 암 눈

則殺之毋畏、
칙 살 지 무 외

命爾者非我乎、
명 이 자 비 아 호

當壯膽而奮勇、
당 장 담 이 분 용

삼하13:29

僕循押沙龍命、
복 순 압 사 룡 명

以處暗嫩、
이 처 암 눈

王子咸起、
왕 자 함 기

各乘其驢而遁、
각 승 기 려 이 둔

삼하13:30

尙在途間、
상 재 도 간

有音耗傳於大衛曰、
유 음 모 전 어 대 위 왈

王子盡爲押沙龍所
왕 자 진 위 압 사 룡 소

殺、
살

靡有孑遺、
미 유 혈 유

삼하13:31

王遂起、
왕 수 기

裂衣僕地、
렬 의 복 지

臣僕裂衣侍立、
신 복 렬 의 시 립

삼하13:32

大衛兄示米亞子約拿
대 위 형 시 미 아 자 약 나

達曰、
달 왈

我主、
아 주

毋以爲少者王子悉見
무 이 위 소 자 왕 자 실 견

殺、
살

死者惟暗嫩一人耳、
사 자 유 암 눈 일 인 이

自彼强玷其妹之日、
자 피 강 점 기 매 지 일

此事押沙龍已定之、
차 사 압 사 룡 이 정 지

삼하13:33

我主我王毋懷憂、
아 주 아 왕 무 회 우

以爲王子皆死、
이 위 왕 자 개 사

死者惟暗嫩一人耳、
사 자 유 암 눈 일 인 이

삼하13:34

押沙龍遁、
압 사 룡 둔

守望之少者擧目以
수 망 지 소 자 거 목 이

觀、
관

見後有多人、
견 후 유 다 인

由山麓之途而至、
유 산 록 지 도 이 지

삼하13:35

約拿達謂王曰、
약나달위왕왈

王子至矣、
왕자지의

如僕所言、
여복소언

삼하13:36

言甫畢、
언보필

王子至、
왕자지

發聲而哭、
발성이곡

王與臣僕亦哭、
왕여신복역곡

慟甚、○
통심

삼하13:37

押沙龍遁於基述王亞
압사룡둔어기술왕아

米忽子達買所、
미홀자달매소

大衛日爲其子悲哀、
대위일위기자비애

삼하13:38

押沙龍遁於基述、
압 사 룡 둔 어 기 술

居彼三年、
거 피 삼 년

삼하13:39

大衛王見暗嫩旣死、
대 위 왕 견 암 눈 기 사

乃得慰藉、
내 득 위 자

而想念押沙龍殊切、
이 상 념 압 사 룡 수 절

撒母耳記下 第十四章
살 모 이 기 하 제 십 사 장

삼하14:1

洗魯雅子約押、
세 로 아 자 약 압

知王中心嚮往押沙龍、
지 왕 중 심 향 왕 압 사 룡

삼하14:2

乃遣人往提哥亞、
내 견 인 왕 제 가 아

攜哲婦至、
휴 철 부 지

謂之曰、
위 지 왈

爾其佯爲居喪者、
이 기 양 위 거 상 자

身衣喪服、
신 의 상 복

勿沐以膏、
물 목 이 고

若爲死者久哀之婦、
약 위 사 자 구 애 지 부

삼하14:3

入見王、
입 견 왕

與之言、
여 지 언

遂以言授之、
수 이 언 수 지

삼하14:4

提哥亞婦與王言時、
제 가 아 부 여 왕 언 시

伏地拜曰、
복 지 배 왈

王歟、
왕 여

助我、
조 아

삼하14:5

王曰、
왕 왈

爾有何事、
이 유 하 사

曰、
왈

我乃嫠婦、
아 내 리 부

我夫已死、
아 부 이 사

삼하14:6

婢有二子、
비 유 이 자

在田相鬪、
재 전 상 두

排解無人、
배 해 무 인

此擊彼而斃之、
차 격 피 이 폐 지

삼하14:7

今擧家起而攻婢曰、
금 거 가 기 이 공 비 왈

擊昆弟者、
격 곤 제 자

當付於我、
당 부 어 아

而致之死、
이 치 지 사

以償所殺昆弟之命、
이 상 소 살 곤 제 지 명

而絕其嗣、
이 절 기 사

如是、
여 시

則滅我餘燼、
칙 멸 아 여 신

不爲我夫留名與後於
불 위 아 부 류 명 여 후 어

世、
세

삼하14:8

王曰、
왕 왈

爾歸、
이 귀

我將爲爾下令、
아 장 위 이 하 령

삼하14:9

提哥亞婦曰、
제 가 아 부 왈

我主我王歟、
아 주 아 왕 여

罪歸於我、
죄 귀 어 아

及我父家、
급 아 부 가

王與國位、
왕 여 국 위

均無尤焉、
균 무 우 언

삼하14:10

王曰、
왕 왈

凡咎爾者、
범 구 이 자

攜至我前、
휴 지 아 전

彼必不復犯爾、
피 필 불 복 범 이

삼하 14:11

婦曰、
부 왈

請王念爾祆上帝耶和
청 왕 념 이 천 상 제 야 화

華、
화

不許報仇者復加殺
불 허 보 구 자 복 가 살

害、
해

免滅吾子、
면 멸 오 자

曰、
왈

我指維生之耶和華而
아 지 유 생 지 야 화 화 이

誓、
서

爾子之一發、
이 자 지 일 발

不隕於地、
불운어지

삼하14:12

婦曰、
부왈

祈我主我王、
기아주아왕

容婦復進一詞、
용부복진일사

曰、
왈

其言之、
기언지

삼하14:13

婦曰、
부왈

胡爲謀害祅上帝之
호위모해천상제지

民、
민

王出此言、
왕출차언

似有差失、
사유차실

因不令亡人旋歸也、
인 불 령 망 인 선 귀 야

삼하14:14

吾儕必死、
오 제 필 사

如水傾地、
여 수 경 지

不能復收、
불 능 복 수

祆上帝不奪人命、
천 상 제 불 탈 인 명

乃設法俾亡者得免驅
내 설 법 비 망 자 득 면 구

逐、
축

삼하14:15

我以此言告我主我
아 이 차 언 고 아 주 아

王、
왕

乃因民使我恐懼、
내 인 민 사 아 공 구

故曰、
고 왈

我必與王言之、
아 필 여 왕 언 지

庶幾王允婢之所求、
서 기 왕 윤 비 지 소 구

삼하14:16

人欲滅我及子、
인 욕 멸 아 급 자

俾絕於天上帝之業、
비 절 어 천 상 제 지 업

王必俞允、
왕 필 유 윤

援婢脫於其手、
원 비 탈 어 기 수

삼하14:17

婢則曰、
비 칙 왈

願我主我王之言慰
원 아 주 아 왕 지 언 위

我、
아

蓋我主我王之辨是
개 아 주 아 왕 지 변 시

非、
비

如祆上帝之使、
여 천 상 제 지 사

願爾祆上帝耶和華偕
원 이 천 상 제 야 화 화 해

爾、
이

삼하14:18

王曰、
왕 왈

我所問於爾者、
아 소 문 어 이 자

願爾無隱、
원 이 무 은

婦曰、
부 왈

請我主我王言之、
청 아 주 아 왕 언 지

삼하14:19

王曰、
왕 왈

此事非約押與爾同謀
차 사 비 약 압 여 이 동 모

乎、
호

婦曰、
부 왈

我主我王歟、
아 주 아 왕 여

我指爾生命以誓、
아 지 이 생 명 이 서

我主我王所言、
아 주 아 왕 소 언

無人能左右轉移之、
무 인 능 좌 우 전 이 지

蓋爾僕約押命我、
개 이 복 약 압 명 아

以此言授婢、
이 차 언 수 비

삼하 14:20

爾僕約押爲此、
이 복 약 압 위 차

欲使事勢變遷、
욕 사 사 세 변 천

我主聰睿、
아 주 총 예

如天上帝之使、
여 천 상 제 지 사

洞悉世事、 ○
동 실 세 사

삼하14:21

王謂約押曰、
왕 위 약 압 왈

我允此事、
아 윤 차 사

爾往、
이 왕

攜少者押沙龍以歸、
휴 소 자 압 사 룡 이 귀

삼하14:22

約押伏地而拜、
약 압 복 지 이 배

爲王祝嘏、
위 왕 축 하

曰、
왈

我主我王允僕所求、
아 주 아 왕 윤 복 소 구

今日我知沾恩於爾
금 일 아 지 첨 은 어 이

前、
전

삼하14:23

約押遂起、
약 압 수 기

往基述、
왕 기 술

擕押沙龍至耶路撒
휴 압 사 룡 지 야 로 살

冷、
랭

삼하14:24

王曰、
왕 왈

使歸私第、
사 귀 사 제

毋覿我面、
무 적 아 면

押沙龍遂歸、
압 사 룡 수 귀

不見王面、○
불 견 왕 면

삼하14:25

押沙龍豐采甚都、
압 사 룡 풍 채 심 도

見譽於衆、
견 예 어 중

遍以色列、
편 이 색 열

無能比擬、
무 능 비 의

自踵至頂、
자 종 지 정

無有瑕疵、
무 유 하 자

삼하14:26

因發甚重、
인 발 심 중

每歲剪之、
매 세 전 지

循王權衡計之、
순 왕 권 형 계 지

得二百舍客勒、
득 이 백 사 객 륵

삼하14:27

押沙龍生三子一女、
압 사 룡 생 삼 자 일 녀

女名他瑪、
녀 명 타 마

美貌女也、○
미 모 녀 야

삼하14:28

押沙龍居耶路撒冷二
압 사 룡 거 야 로 살 랭 이

年、
년

未見王面、
미견왕면

삼하14:29

乃召約押、
내소약압

慾遣之見王、
욕견지견왕

約押不至、
약압불지

再召之、
재소지

仍不至、
잉불지

삼하14:30

遂謂僕曰、
수위복왈

約押之田、
약압지전

與我接壤、
여아접양

中有麰麥、
중유모맥

爾往焚之、
이 왕 분 지

僕遂縱火於田、
복 수 종 화 어 전

삼하14:31

約押起、
약 압 기

至押沙龍室、
지 압 사 룡 실

謂之曰、
위 지 왈

爾僕奚縱火於吾田、
이 복 해 종 화 어 오 전

삼하14:32

押沙龍曰、
압 사 룡 왈

我遣人召爾至此、
아 견 인 소 이 지 차

欲使爾覲王曰、
욕 사 이 근 왕 왈

吾自基述而歸何爲、
오 자 기 술 이 귀 하 위

不如仍居於彼、
불 여 잉 거 어 피

今請許我覲王面、
금 청 허 아 적 왕 면

如我有咎、
여 아 유 구

王可殺我、
왕 가 살 아

삼하14:33

約押入覲、
약 압 입 근

以此告王、
이 차 고 왕

王乃召之、
왕 내 소 지

押沙龍入覲、
압 사 룡 입 근

伏地拜於王前、
복 지 배 어 왕 전

王與接吻、
왕 여 접 문

撒母耳記下 第十五章
살 모 이 기 하 제 십 오 장

삼하15:1

此後、
차후
押沙龍備車馬
압사룡비차마
與五十人、
여오십인
奔走於前、
분주어전

삼하15:2

夙興、
숙흥
立於邑門途側、
립어읍문도측
見有訟事宜
견유송사의
受王鞫者、
수왕국자
則呼之曰、
칙호지왈
爾屬何邑、
이속하읍
曰、
왈
僕屬以色列某支派、
복속이색열모지파

삼하15:3

押沙龍曰、
압 사 롱 왈

爾事善且正、
이 사 선 차 정

然王未嘗委人
연 왕 미 상 위 인

聽之、
청 지

삼하15:4

又曰、
우 왈

我深願立爲
아 심 원 립 위

士師於斯土、
사 사 어 사 토

凡有爭端訟事、
범 유 쟁 단 송 사

咸詣我所、
함 예 아 소

我必爲之公斷、
아 필 위 지 공 단

삼하15:5

或有近而拜之者、
혹 유 근 이 배 지 자

押沙龍伸手執之、
압 사 룡 신 수 집 지

而與接吻、
이 여 접 문

삼하15:6

凡以色列人欲
범 이 색 열 인 욕

詣王以訟者、
예 왕 이 송 자

押沙龍待之若此、
압 사 룡 대 지 약 차

因而陰得以色列
인 이 음 득 이 색 열

人之心、○
인 지 심

삼하15:7

越四年、
월 사 년

押沙龍謂王曰、
압 사 룡 위 왕 왈

我曾許願於耶和華、
아 증 허 원 어 야 화 화

請允我往希伯崙
청 윤 아 왕 희 백 륜

以酬之、
이 수 지

삼하15:8

蓋爾僕居亞蘭
개 이 복 거 아 란

之基述、
지 기 술

嘗許願曰、
상 허 원 왈

如耶和華使我歸
여 야 화 화 사 아 귀

耶路撒冷、
야 로 살 랭

我必崇事之、
아 필 숭 사 지

삼하15:9

王曰、
왕 왈

安然而去、
안 연 이 거

遂起而往希伯崙、
수 기 이 왕 희 백 륜

삼하15:10

押沙龍遣諜、
압 사 룡 견 첩

遍行以色列衆支派
편 행 이 색 열 중 지 파

曰、
왈

一聞角聲、
일 문 각 성

則當言曰、
칙 당 언 왈

押沙龍在希伯崙爲王
압 사 룡 재 희 백 륜 위 왕

矣、
의

삼하15:11

押沙龍自耶路撒冷、
압 사 룡 자 야 로 살 랭

招二百人偕行、
초 이 백 인 해 행

其人樸誠、
기 인 박 성

不知其事、
불 지 기 사

삼하15:12

大衛之謀士亞希多
대 위 지 모 사 아 희 다

弗、
불

基羅人也、
기 라 인 야

押沙龍獻祭時、
압 사 룡 헌 제 시

遣人召之、
견 인 소 지

自其本邑基羅而來、
자 기 본 읍 기 라 이 래

叛黨勢强、
반 당 세 강

民歸押沙龍者日衆、
민 귀 압 사 룡 자 일 중

○

삼하15:13

有使者來告大衛曰、
유 사 자 래 고 대 위 왈

以色列人之心、
이 색 열 인 지 심

咸歸押沙龍矣、
함 귀 압 사 룡 의

삼하15:14

大衛謂在耶路撒冷相
대 위 위 재 야 로 살 랭 상

偕之僕曰、
해지복왈

當起而遁、
당기이둔

否則不得避押沙龍、
부칙불득피압사룡

其速往哉、
기속왕재

恐其猝至、
공기졸지

加害我儕、
가해아제

刃擊邑民、
인격읍민

삼하15:15

王之僕謂王曰、
왕지복위왕왈

我主我王所欲、
아주아왕소욕

僕願行之、
복원행지

삼하15:16

王出、
왕출

眷屬隨之、
권 속 수 지

留妃十人、
류 비 십 인

以守宮闈、
이 수 궁 위

삼하15:17

王出、
왕 출

民衆相從、
민 중 상 종

止於伯墨哈、
지 어 백 묵 합

삼하15:18

衆僕與基利提人、
중 복 여 기 리 제 인

比利提人、
비 리 제 인

及自迦特從王而至者
급 자 가 특 종 왕 이 지 자

六百人、
육 백 인

過於王前、
과 어 왕 전

삼하15:19

王謂迦特人以太曰、
왕 위 가 특 인 이 태 왈

爾與吾儕偕往何爲、
이 여 오 제 해 왕 하 위

可返與王同居、
가 반 여 왕 동 거

爾爲異族、
이 위 이 족

出亡在外、
출 망 재 외

或歸故土、
혹 귀 고 토

삼하15:20

爾來爲日無幾、
이 래 위 일 무 기

今我觀勢而往、
금 아 관 세 이 왕

安忍使爾偕我流離、
안 인 사 이 해 아 유 리

可攜爾昆弟而歸、
가 휴 이 곤 제 이 귀

願恩寵誠實臨爾、
원 은 총 성 실 림 이

삼하15:21

以太曰、
이태왈

我指維生之耶和華、
아지유생지야화화

及我主我王之生命而
급아주아왕지생명이

誓、
서

我主我王所在、
아주아왕소재

僕必與偕、
복필여해

死生以之、
사생이지

삼하15:22

大衛曰、
대위왈

往哉、
왕재

其濟諸、
기제제

迦特人以太與其從
가특인이태여기종

者、
자

及其幼稚同濟、
급 기 유 치 동 제

삼하15:23

斯土之人、
사 토 지 인

大聲而哭、
대 성 이 곡

民濟汲淪溪、
민 제 급 륜 계

王亦濟、
왕 역 제

衆望曠野之路而行、
중 망 광 야 지 로 이 행

삼하15:24

撒督亦至、
살 독 역 지

衆利未人從之、
중 리 미 인 종 지

舁祆上帝匱、
여 천 상 제 궤

置之於彼、
치 지 어 피

亞比亞他登山、
아 비 아 타 등 산

待民出邑、
대 민 출 읍

삼하15:25

王謂撒督曰、
왕 위 살 독 왈

舁祆上帝匱返城、
여 천 상 제 궤 반 성

若我蒙恩於耶和華
약 아 몽 은 어 야 화 화

前、
전

必使我反、
필 사 아 반

見匱及其居所、
견 궤 급 기 거 소

삼하15:26

如云我不悅爾、
여 운 아 불 열 이

願任其所欲而待我、
원 임 기 소 욕 이 대 아

삼하15:27

又謂祭司撒督曰、
우 위 제 사 살 독 왈

爾非先見乎、
이 비 선 견 호

爾與爾子亞希瑪斯、
이 여 이 자 아 희 마 사

及亞比亞他子約拿
급 아 비 아 타 자 약 나

單、
단

安然歸邑、
안 연 귀 읍

삼하15:28

我將留於曠野之津、
아 장 류 어 광 야 지 진

待爾有言告我、
대 이 유 언 고 아

삼하15:29

撒督與亞比亞他、
살 독 여 아 비 아 타

遂舁祆上帝之匱、
수 여 천 상 제 지 궤

歸耶路撒冷居焉、○
귀 야 로 살 랭 거 언

삼하15:30

大衛蒙首跣足、
대 위 몽 수 선 족

陟橄欖山、
척 감 람 산

且陟且哭、
차 척 차 곡

所偕之衆、
소 해 지 중

亦皆蒙首而陟、
역 개 몽 수 이 척

且陟且哭、
차 척 차 곡

삼하15:31

或告大衛曰、
혹 고 대 위 왈

亞希多弗從押沙龍、
아 희 다 불 종 압 사 룡

在叛黨之中、
재 반 당 지 중

大衛曰、
대 위 왈

耶和華歟、
야 화 화 여

求爾使亞希多弗之
구 이 사 아 희 다 불 지

謀、
모

變爲愚昧、
변 위 우 매

삼하15:32

大衛旣至山巓、
대 위 기 지 산 전

崇拜祆上帝之所、
숭 배 천 상 제 지 소

有亞基人戶篩、
유 아 기 인 호 사

自裂其衣、
자 렬 기 의

以塵蒙首來迎、
이 진 몽 수 래 영

삼하15:33

大衛謂之曰、
대 위 위 지 왈

爾偕我往、
이 해 아 왕

適以累我、
적 이 루 아

삼하15:34

若歸邑語押沙龍曰、
약 귀 읍 어 압 사 룡 왈

王歟、
왕 여

我欲爲爾僕、
아 욕 위 이 복

昔爲爾父之僕、
석 위 이 부 지 복

今亦如是爲爾僕、
금 역 여 시 위 이 복

則必爲我敗亞希多弗
칙 필 위 아 패 아 히 다 불

之謀、
지 모

삼하15:35

祭司撒督及亞比亞
제 사 살 독 급 아 비 아

他、
타

非偕爾在彼乎、
비 해 이 재 피 호

爾於王室有所聞、
이 어 왕 실 유 소 문

當告之、
당 고 지

삼하15:36

撒督子亞希瑪斯、
살 독 자 아 히 마 사

亞比亞他子約拿單、
아 비 아 타 자 약 나 단

二子亦與之偕、
이 자 역 여 지 해

凡有所聞、
범 유 소 문

遣之告我、
견 지 고 아

삼하15:37

大衛之友户篩遂入
대 위 지 우 호 사 수 입

城、
성

押沙龍亦至耶路撒
압 사 룡 역 지 야 로 살

冷、
랭

撒母耳記下 第十六
살 모 이 기 하 제 십 륙

章
장

삼하16:1

大衛過山巓未遠、
대 위 과 산 전 미 원

米非波設僕
미 비 파 설 복

洗巴來迎、
세 파 래 영

攜備鞍之驢二、
휴 비 안 지 려 이

載餠二百、
재 병 이 백

葡萄乾一百穗、
포 도 건 일 백 수

夏果一百、
하 과 일 백

酒一革囊、
주 일 혁 낭

삼하16:2

王曰、
왕 왈

汝攜此何意、
여 휴 차 하 의

洗巴曰、
세 파 왈

驢爲王眷聚所乘、
려 위 왕 권 취 소 승

餠及夏果爲
병 급 하 과 위

少者所食、
소 자 소 식

酒爲曠野困
주 위 광 야 곤

憊者所飲、
비 자 소 음

삼하16:3

王曰、
왕 왈

爾主之子安在、
이 주 지 자 안 재

曰、
왈

在耶路撒冷、
재 야 로 살 랭

蓋曰、
개 왈

今日以色列家、
금 일 이 색 열 가

必以父之國反我、
필 이 부 지 국 반 아

삼하16:4

王曰、
왕 왈

米非波設所有者、
미 비 파 설 소 유 자

咸歸於爾、
함 귀 어 이

洗巴曰、
세 파 왈

我跪拜、
아 궤 배

願蒙恩於我主
원 몽 은 어 아 주

我王之前、○
아 왕 지 전

삼하 16:5

大衛王至巴戶琳、
대 위 왕 지 파 호 림

有掃羅族、
유 소 라 족

基拉子名示每者出、
기 랍 자 명 시 매 자 출

且行且詛、
차 행 차 저

삼하 16:6

以石擲大衛、
이 석 척 대 위

及其臣僕、
급 기 신 복

時、
시

民庶勇士在王左右、
민 서 용 사 재 왕 좌 우

삼하16:7

示每詛曰、
시 매 저 왈

往哉、
왕 재

往哉、
왕 재

爾流血之人、
이 류 혈 지 인

鄙陋之徒也、
비 루 지 도 야

삼하16:8

爾代掃羅爲王、
이 대 소 라 위 왕

今耶和華將掃羅家之
금 야 화 화 장 소 라 가 지

血、
혈

悉歸於爾、
실 귀 어 이

以此國付於爾
이 차 국 부 어 이

子押沙龍、
자 압 사 룡

爾流血之人、
이 류 혈 지 인

自取其禍也、
자 취 기 화 야

삼하16:9

洗魯雅子亞比
세 로 아 자 아 비

篩謂王曰、
사 위 왕 왈

此死犬胡爲詛
차 사 견 호 위 저

我主我王、
아 주 아 왕

求爾允我往斬其首、
구 이 윤 아 왕 참 기 수

삼하16:10

王曰、
왕 왈

洗魯雅子、
세 로 아 자

我與爾何與、
아 여 이 하 여

彼詛大衛、
피 저 대 위

因耶和華命其詛之、
인 야 화 화 명 기 저 지

孰敢言胡爲行此乎、
숙 감 언 호 위 행 차 호

삼하16:11

又謂亞比篩及諸臣僕
우 위 아 비 사 급 제 신 복

曰、
왈

我子己身所出、
아 자 기 신 소 출

尙索我命、
상 색 아 명

況此便雅憫人乎、
황 차 편 아 민 인 호

姑容之、
고 용 지

聽其詛、
청 기 저

蓋耶和華命之矣、
개 야 화 화 명 지 의

삼하16:12

庶幾耶和華鑒我之
서 기 야 화 화 감 아 지

寃、
원

緣其今日之詛、
연 기 금 일 지 저

報我以善、
보 아 이 선

삼하16:13

大衛及從者行於道、
대 위 급 종 자 행 어 도

示每行於相對之阪、
시 매 행 어 상 대 지 판

且行且詛、
차 행 차 저

擲石揚塵、
척 석 양 진

삼하16:14

王及從者困憊、
왕 급 종 자 곤 비

至一處養其精力、○
지 일 처 양 기 정 력

삼하16:15

押沙龍與以色列衆至
압 사 룡 여 이 색 열 중 지

耶路撒冷、
야 로 살 랭

亞希多弗偕之、
아 희 다 불 해 지

삼하16:16

大衛友亞基人戶篩詣
대 위 우 아 기 인 호 사 예

押沙龍、
압 사 룡

曰、
왈

願王萬歲、
원 왕 만 세

願王萬歲、
원 왕 만 세

삼하16:17

押沙龍曰、
압 사 룡 왈

爾愛友之情如是乎、
이 애 우 지 정 여 시 호

何不與友偕行乎、
하 불 여 우 해 행 호

삼하16:18

戶篩曰、
호 사 왈

不然、
불 연

惟耶和華與斯民、
유 야 화 화 여 사 민

及以色列衆所選者、
급 이 색 열 중 소 선 자

我必歸之、
아 필 귀 지

而與之俱、
이 여 지 구

삼하16:19

且我宜事者爲誰、
차 아 의 사 자 위 수

非王之子乎、
비 왕 지 자 호

昔我若何事爾父、
석 아 약 하 사 이 부

今亦如是事爾、
금 역 여 시 사 이

삼하16:20

押沙龍謂亞希多弗
압 사 룡 위 아 희 다 불

曰、
왈

我儕當若何而行、
아 제 당 약 하 이 행

爾其謀之、
이 기 모 지

삼하16:21

亞希多弗曰、
아 희 다 불 왈

爾父留妃以守宮闈、
이 부 류 비 이 수 궁 위

爾入其中、
이 입 기 중

以色列衆聞爾爲父所
이 색 열 중 문 이 위 부 소

憾、
감

則從爾者、
칙 종 이 자

皆强厥手矣、
개 강 궐 수 의

삼하16:22

於是爲押沙龍張幕宮
어 시 위 압 사 룡 장 막 궁

巔、
전

押沙龍遂入衆父妃、
압 사 룡 수 입 어 부 비

以色列人目覩之、
이 색 열 인 목 도 지

삼하16:23

當日亞希多弗所
당 일 아 희 다 불 소

設之謀、
설 지 모

如諮諏於祆上帝、
여 자 추 어 천 상 제

爲大衛、
위 대 위

爲押沙龍、
위 압 사 룡

皆如是、
개 여 시

撒母耳記下 第十七
살 모 이 기 하 제 십 칠

章
장

삼하17:1

亞希多弗謂
아 히 다 불 위

押沙龍曰、
압 사 룡 왈

許我簡卒一萬二千、
허 아 간 졸 일 만 이 천

今夜啟行、
금 야 계 행

追襲大衛、
추 습 대 위

삼하17:2

乘其困憊手弱臨之、
승 기 곤 비 수 약 림 지

使之驚惶、
사 지 경 황

侍從必遁、
시 종 필 둔

而我獨擊其王、
이 아 독 격 기 왕

삼하17:3

俾衆悉歸於爾、
비 중 실 귀 어 이

得爾所索之人、
득 이 소 색 지 인

則如衆返、
칙 여 중 반

而民安焉、
이 민 안 언

삼하17:4

押沙龍及以色列長
압 사 룡 급 이 색 열 장

老、
로

皆悅此言、
개 열 차 언

삼하17:5

押沙龍曰、
압 사 룡 왈

召亞基人、
소 아 기 인

戶篩至、
호 사 지

俾得與聞其言、
비 득 여 문 기 언

삼하17:6

戶篩旣至、
호 사 기 지

押沙龍曰、
압 사 룡 왈

亞希多弗所言若此、
아 히 다 불 소 언 약 차

可從之乎、
가 종 지 호

否則爾言之、
부 칙 이 언 지

삼하17:7

戶篩曰、
호 사 왈

亞希多弗此次之謀不
아 히 다 불 차 차 지 모 불

嘉、
가

삼하17:8

又曰、
우 왈

爾父與其侍從、
이 부 여 기 시 종

乃爲英武、
내 위 영 무

爾所知也、
이 소 지 야

今其衷懷暴怒、
금 기 충 회 폭 노

如熊在野、
여 웅 재 야

而亡其子、
이 망 기 자

爾父又嫻戰事、
이 부 우 한 전 사

必不宿於民中、
필 불 숙 어 민 중

삼하 17:9

今必藏於坑坎、
금 필 장 어 갱 감

或在他所、
혹 재 타 소

如爾從者數人先僕、
여 이 종 자 수 인 선 복

聞者必曰、
문 자 필 왈

從押沙龍者見戮、
종 압 사 룡 자 견 륙

삼하 17:10

則人雖驍勇、
칙 인 수 효 용

心猛如獅、
심 맹 여 사

必喪厥膽、
필 상 궐 담

蓋以色列族咸知爾父
개 이 색 열 족 함 지 이 부

英武、
영 무

從者亦驍勇、
종 자 역 효 용

삼하17:11

我之謀議、
아 지 모 의

悉集以色列衆、
실 집 이 색 열 중

自但至別是巴、
자 단 지 별 시 파

如海沙之多、
여 해 사 지 다

爾親出戰、
이 친 출 전

삼하17:12

於其所在、
어 기 소 재

倏然臨之、
숙 연 림 지

如露降於土壤、
여 로 강 어 토 양

使彼及其侍從、
사 피 급 기 시 종

靡有孑遺、
미 유 혈 유

삼하17:13

彼若入城、
피 약 입 성

以色列衆必攜繩至、
이 색 열 중 필 휴 승 지

曳城入河、
예 성 입 하

卷石不遺、
권 석 불 유

삼하17:14

押沙龍及以色列衆
압 사 룡 급 이 색 열 중

曰、
왈

亞基人戶篩之謀、
아 기 인 호 사 지 모

較亞希多弗之謀尤
교 아 희 다 불 지 모 우

善、
선

蓋耶和華預定敗亞希
개야화화예정패아희

多弗之謀、
다불지모

以禍押沙龍、○
이화압사룡

삼하17:15

戶篩謂祭司撒督亞比
호사위제사살독아비

亞他曰、
아타왈

亞希多弗爲押沙龍、
아희다불위압사룡

及以色列長老、
급이색열장로

所謀如此、
소모여차

我所謀如此、
아소모여차

삼하17:16

宜急遣人告大衛曰、
의급견인고대위왈

今夜勿宿曠野之津、
금 야 물 숙 광 야 지 진

必濟河、
필 제 하

免王與侍從、
면 왕 여 시 종

俱見呑噬、
구 견 탄 서

삼하17:17

時、
시

約拿單亞希瑪斯待於
약 나 단 아 히 마 사 대 어

隱羅結、
은 라 결

因不可入城、
인 불 가 입 성

爲人所見、
위 인 소 견

有婢數來告之、
유 비 수 래 고 지

則往轉告大衛王、
칙 왕 전 고 대 위 왕

삼하17:18

有孺子見之、
유 유 자 견 지

以告押沙龍、
이 고 압 사 룡

二人遂急去、
이 인 수 급 거

至巴戶琳人家、
지 파 호 림 인 가

其院有井、
기 원 유 정

二人下焉、
이 인 하 언

삼하17:19

婦以蓋掩井口、
부 이 개 엄 정 구

布麥屑於上、
포 맥 설 어 상

而事不泄、
이 사 불 설

삼하17:20

押沙龍僕至其家、
압 사 룡 복 지 기 가

問婦曰、
문 부 왈

亞 希 瑪 斯 約 拿 單 安
아 히 마 사 약 나 단 안

在、
재

婦曰、
부 왈

已濟溪矣、
이 제 계 의

索之不得、
색 지 불 득

乃歸耶路撒冷、
내 귀 야 로 살 랭

삼하 17:21

去後、
거 후

二人自井出、
이 인 자 정 출

往告大衛王曰、
왕 고 대 위 왕 왈

亞希多弗設謀害爾、
아 히 다 불 설 모 해 이

宜起、
의 기

速濟河、
속 제 하

삼하17:22

大衛與僕從遂起、
대 위 여 복 종 수 기

濟約但、
제 약 단

及黎明、
급 려 명

民衆悉濟、
민 중 실 제

不遺一人、
불 유 일 인

삼하17:23

亞希多弗見其所謀不
아 희 다 불 견 기 소 모 불

從、
종

卽備驢反故邑、
즉 비 려 반 고 읍

歸私第、
귀 사 제

處置家事、
처 치 가 사

自縊而死、
자 액 이 사

葬於父墓、 ○
장 어 부 묘

삼하17:24

大衛至瑪哈念、
대 위 지 마 합 념

押沙龍及以色列衆濟
압 사 룡 급 이 색 열 중 제

約但、
약 단

삼하17:25

押沙龍立亞瑪撒爲軍
압 사 룡 립 아 마 살 위 군

長、
장

以代約押、
이 대 약 압

其人乃以實瑪利人以
기 인 내 이 실 마 리 인 이

特拉、
특 랍

與拿轄女亞比該同室
여 나 할 녀 아 비 해 동 실

而生者、
이 생 자

亞比該與約押母洗魯
아 비 해 여 약 압 모 세 로

雅爲姊妹、
아 위 자 매

삼하17:26

押沙龍與以色列衆、
압 사 룡 여 이 색 열 중

建營於基列地、○
건 영 어 기 열 지

삼하17:27

大衛旣至瑪哈念、
대 위 기 지 마 합 념

亞捫族拉巴人拿轄子
아 문 족 랍 파 인 나 할 자

朔比、
삭 비

與羅底巴人亞米利子
여 라 저 파 인 아 미 리 자

瑪吉、
마 길

暨基列之羅基琳人巴
기 기 열 지 라 기 림 인 파

西萊咸至、
서 래 함 지

삼하 17:28

攜牀盆瓦器、
휴 상 분 와 기

小麥、
소 맥

麰麥、
모 맥

細麪、
세 면

烘穀、
홍 곡

大豆、
대 두

小豆、
소 두

烘豆、
홍 두

삼하 17:29

蜜酥與羊、
밀 소 여 양

牛酪之餠、
우 락 지 병

以供大衛、
이 공 대 위

及其侍從、
급 기 시 종

蓋曰、
개 왈

民在曠野、
민 재 광 야

饑渴困憊、
기 갈 곤 비

撒母耳記下 第十八章
살 모 이 기 하 제 십 팔 장

삼하18:1

大衛核其所偕之民、
대 위 핵 기 소 해 지 민

立千夫長、
립 천 부 장

百夫長以率之、
백 부 장 이 솔 지

삼하18:2

大衛遣民出戰、
대 위 견 민 출 전

分之爲三、
분 지 위 삼

以一委約押、
이 일 위 약 압

以一委洗魯雅子、
이 일 위 세 로 아 자

約押弟亞比篩、
약 압 제 아 비 사

以一委迦特人以太、
이 일 위 가 특 인 이 태

王曰、
왕 왈

我亦必與爾偕往、
아 역 필 여 이 해 왕

삼하 18:3

民曰、
민 왈

爾不可往、
이 불 가 왕

如我逃遁、
여 아 도 둔

敵不以我爲意、
적 불 이 아 위 의

死亡者半、
사 망 자 반

敵亦不以爲意、
적 역 불 이 위 의

惟爾一人、
유 이 일 인

可當我萬、
가 당 아 만

爾自城助我尤善、
이 자 성 조 아 우 선

삼 하 18:4

王曰、
왕 왈

爾所視爲善者、
이 소 시 위 선 자

我必行之、
아 필 행 지

王乃立於門側、
왕 내 립 어 문 측

民衆或百或千、
민 중 혹 백 혹 천

分隊而出、
분 대 이 출

삼 하 18:5

王命約押亞比篩以太
왕 명 약 압 아 비 사 이 태

曰、
왈

爾緣我故、
이 연 아 고
寬待少者押沙龍、
관 대 소 자 압 사 룡
王爲押沙龍囑諸將、
왕 위 압 사 룡 촉 제 장
民悉聞之、
민 실 문 지

삼하 18:6
於是民出至田、
어 시 민 출 지 전
以迎以色列衆、
이 영 이 색 열 중
戰於以法蓮林、
전 어 이 법 련 림

삼하 18:7
以色列衆敗於大衛僕
이 색 열 중 패 어 대 위 복
從之前、
종 지 전
是日被戮者衆、
시 일 피 륙 자 중
計有二萬、
계 유 이 만

삼하18:8

因其戰鬬四方散布、
인 기 전 두 사 방 산 포

死於林者、
사 어 림 자

較死於刃者尤多、
교 사 어 인 자 우 다

삼하18:9

押沙龍偶與大衛之僕
압 사 룡 우 여 대 위 지 복

相遇、
상 우

乘騾過於大橡繁枝之
승 라 과 어 대 상 번 지 지

下、
하

其首爲樹所絓、
기 수 위 수 소 괘

懸於空際、
현 어 공 제

騾逸而去、
라 일 이 거

삼하18:10

或見之、
혹 견 지

告約押曰、
고 약 압 왈

我見押沙龍懸於橡
아 견 압 사 룡 현 어 상

樹、
수

삼하18:11

約押曰、
약 압 왈

爾旣見之、
이 기 견 지

何不擊之隕地、
하 불 격 지 운 지

若然、
약 연

我以十金與紳予爾、
아 이 십 금 여 신 여 이

삼하18:12

曰、
왈

雖獲千金、
수 획 천 금

我不伸手擊王之子、
아 불 신 수 격 왕 지 자

我儕聞王囑爾、
아 제 문 왕 촉 이

與亞比篩以太曰、
여 아 비 사 이 태 왈

愼勿加害少者押沙
신 물 가 해 소 자 압 사

龍、
룡

삼하18:13

如我妄害其命、
여 아 망 해 기 명

無事隱於王、
무 사 은 어 왕

而爾亦必敵我、
이 이 역 필 적 아

삼하18:14

約押曰、
약 압 왈

我不可與爾遲延、
아 불 가 여 이 지 연

遂執三戈而往、
수 집 삼 과 이 왕

時、
시

押沙龍懸於橡樹、
압 사 룡 현 어 상 수

氣猶未絕、
기 유 미 절

則刺其胸、
칙 자 기 흉

삼하18:15

爲約押執兵之少者十
위 약 압 집 병 지 소 자 십

人、
인

環攻押沙龍而斃之、
환 공 압 사 룡 이 폐 지

삼하18:16

約押吹角止衆、
약 압 취 각 지 중

民乃旋返、
민 내 선 반

不追以色列族、
불 추 이 색 열 족

삼하18:17

擲押沙龍屍於林中巨
척 압 사 룡 시 어 림 중 거

阱、
정

壘石其上、
루 석 기 상

成爲大阜、
성 위 대 부

以色列衆遁歸己幕、
이 색 열 중 둔 귀 기 막

삼하18:18

押沙龍存時、
압 사 룡 존 시

嘗曰、
상 왈

我無遺子、
아 무 유 자

以傳我名、
이 전 아 명

故在王谷建柱、
고 재 왕 곡 건 주

稱以己名、
칭 이 기 명

至於今日、
지 어 금 일

稱爲押沙龍碑、○
칭 위 압 사 룡 비

삼하18:19

撒督子亞希瑪斯曰、
살 독 자 아 희 마 사 왈

請容我趨、
청 용 아 추

以耶和華伸寃之音信
이 야 화 화 신 원 지 음 신

報王、
보 왕

삼하18:20

約押曰、
약 압 왈

今日勿報音信、
금 일 물 보 음 신

他日可也、
타 일 가 야

王子旣死、
왕 자 기 사

今日不可報音信也、
금 일 불 가 보 음 신 야

삼하18:21

約押謂古示人曰、
약 압 위 고 시 인 왈

爾往、
이 왕

以所見者告王、
이 소 견 자 고 왕

古示人跪拜約押而
고 시 인 궤 배 약 압 이

趨、
추

삼하18:22

撒督子亞希瑪斯復請
살 독 자 아 희 마 사 복 청

曰、
왈

無論如何、
무 론 여 하

容我隨古示人後、
용 아 수 고 시 인 후

約押曰、
약 압 왈

我子歟、
아 자 여

爾報音信、
이 보 음 신

必不獲賞、
필 불 획 상

疾趨何爲、
질 추 하 위

삼하18:23

曰、
왈

無論如何、
무론여하

我必趨之、
아필추지

曰、
왈

趨哉、
추재

亞希瑪斯乃趨、
아희마사내추

道經平原、
도경평원

越古示人、○
월고시인

삼하18:24

大衛坐城兩門之間、
대위좌성량문지간

守望者登樓巔、
수망자등루전

舉目望見一人獨趨、
거목망견일인독추

삼하18:25

呼而告王、
호이고왕

王曰、
왕왈

若惟一人來、
약유일인래

必報音信、
필보음신

其人趨而漸近、
기인추이점근

삼하18:26

守望者又見一人趨、
수망자우견일인추

告閽者曰、
고혼자왈

又有一人獨趨、
우유일인독추

王曰、
왕왈

彼亦報音信者也、
피역보음신자야

삼하18:27

守望者曰、
수망자왈

我視在前者、
아 시 재 전 자

其趨之勢、
기 추 지 세

如撒督子亞希瑪斯
여 살 독 자 아 히 마 사

然、
연

王曰、
왕 왈

彼善人也、
피 선 인 야

必報嘉音、
필 보 가 음

삼하 18:28

亞希瑪斯至、
아 히 마 사 지

呼王曰安、
호 왕 왈 안

伏地而拜、
복 지 이 배

曰、
왈

爾之袄上帝耶和華、
이 지 전 상 제 야 화 화

宜頌美焉、
의 송 미 언

以擧手攻我主我王者
이 거 수 공 아 주 아 왕 자

付與矣、
부 여 의

삼하 18:29

王曰、
왕 왈

少者押沙龍安否、
소 자 압 사 룡 안 부

亞希瑪斯曰、
아 희 마 사 왈

約押遣王之僕時、
약 압 견 왕 지 복 시

我見衆大喧譁、
아 견 중 대 훤 화

不知何故、
불 지 하 고

삼하 18:30

王曰、
왕 왈

且退、
차 퇴

侍於側、
시 어 측

乃退而立、
내 퇴 이 립

삼하18:31

古示人至、
고 시 인 지

曰、
왈

有音信報於我主我
유 음 신 보 어 아 주 아

王、
왕

今日耶和華已伸爾寃
금 일 야 화 화 이 신 이 원

於凡攻爾者、
어 범 공 이 자

삼하18:32

王曰、
왕 왈

少者押沙龍安否、
소 자 압 사 룡 안 부

古示人曰、
고 시 인 왈

願我主我王之敵、
원 아 주 아 왕 지 적

及凡起而害爾者、
급 범 기 이 해 이 자

咸如彼少者、
함 여 피 소 자

삼하18:33

王慟甚、
왕 통 심

登門樓而哭、
등 문 루 이 곡

且行且言曰、
차 행 차 언 왈

我子押沙龍、
아 자 압 사 룡

我子、
아 자

我子押沙龍、
아 자 압 사 룡

我願代爾死、
아 원 대 이 사

押沙龍我子、
압 사 룡 아 자

我子、
아 자

撒母耳記下 第十九章
살 모 이 기 하 제 십 구 장

삼 하 19:1

或告約押曰、
혹 고 약 압 왈

王緣押沙龍哭而哀、
왕 연 압 사 룡 곡 이 애

삼 하 19:2

民聞王爲子憂、
민 문 왕 위 자 우

故是日奏凱、
고 시 일 주 개

轉爲悲哀、
전 위 비 애

삼 하 19:3

當日民私歸邑、
당 일 민 사 귀 읍

如戰敗者、
여 전 패 자

含羞而退、
함 수 이 퇴

삼 하 19:4

王掩面、
왕 엄 면

大聲呼曰、
대 성 호 왈

我子押沙龍、
아 자 압 사 룡

押沙龍我子、
압 사 룡 아 자

我子、
아 자

삼하19:5

約押入宮覲王曰、
약 압 입 궁 근 왕 왈

今日爾僕拯爾、
금 일 이 복 증 이

及爾後妃子女之命、
급 이 후 비 자 녀 지 명

爾乃使之赧顏、
이 내 사 지 난 안

삼하19:6

惡爾者、
악 이 자

爾反愛之、
이 반 애 지

愛爾者、
애 이 자

爾反惡之、
이 반 악 지

今日明示、
금 일 명 시

牧伯臣僕、
목 백 신 복

於爾無足介意、
어 이 무 족 개 의

我知若押沙龍生存、
아 지 약 압 사 룡 생 존

而我儕咸死、
이 아 제 함 사

爾乃歡悅矣、
이 내 환 열 의

삼하 19:7

今爾當起而出、
금 이 당 기 이 출

以言慰藉爾僕、
이 언 위 자 이 복

否則我指耶和華而
부 칙 아 지 야 화 화 이

誓、
서

今夕必無一人偕爾、
금 석 필 무 일 인 해 이
此禍較爾自幼所遭者
차 화 교 이 자 유 소 조 자
尤甚、
우 심

삼하19:8
王遂起、
왕 수 기
坐於邑門、
좌 어 읍 문
有告民曰、
유 고 민 왈
王坐邑門、
왕 좌 읍 문
民遂覲王、 ○
민 수 근 왕

삼하19:9
以色列族旣遁歸幕、
이 색 열 족 기 둔 귀 막
諸支派之民相爭曰、
제 지 파 지 민 상 쟁 왈
王拯我於敵手、
왕 증 아 어 적 수

又援我於非利士人
우 원 아 어 비 리 사 인

手、
수

今避押沙龍、
금 피 압 사 룡

出亡於外、
출 망 어 외

삼하19:10

我膏押沙龍以治我、
아 고 압 사 룡 이 치 아

今亡於陳、
금 망 어 진

爾曹何不出言、
이 조 하 불 출 언

以請王歸、○
이 청 왕 귀

삼하19:11

大衛王遣人見祭司撒
대 위 왕 견 인 견 제 사 살

督亞比亞他曰、
독 아 비 아 타 왈

當告猶大長老云、
당 고 유 대 장 로 운

以色列衆所言請王返
이 색 열 중 소 언 청 왕 반

宮、
궁

傳聞於王、
전 문 어 왕

爾何居後、
이 하 거 후

삼 하 19:12

爾乃我之昆弟骨肉、
이 내 아 지 곤 제 골 육

則請王歸、
칙 청 왕 귀

何居人後、
하 거 인 후

삼 하 19:13

亦告亞瑪撒曰、
역 고 아 마 살 왈

爾非我之骨肉乎、
이 비 아 지 골 육 호

如爾不代約押爲軍
여 이 불 대 약 압 위 군

長、
장

恆在我前、
긍 재 아 전

願祆上帝罰我維倍、
원 천 상 제 벌 아 유 배

삼하19:14

於是猶大衆如懷一
어 시 유 대 중 여 회 일

心、
심

遣使告王曰、
견 사 고 왕 왈

請王及臣僕偕歸、
청 왕 급 신 복 해 귀

삼하19:15

王乃歸、
왕 내 귀

至約但、
지 약 단

猶大人至吉甲以迎
유 대 인 지 길 갑 이 영

王、
왕

慾導之濟河、○
욕 도 지 제 하

삼하19:16

巴戶琳之便雅憫人基
파 호 림 지 편 아 민 인 기

拉子示每、
랍 자 시 매

急與猶大人偕下、
급 여 유 대 인 해 하

迎大衛王、
영 대 위 왕

삼하19:17

有便雅憫人一千、
유 편 아 민 인 일 천

與掃羅家僕洗巴、
여 소 라 가 복 세 파

及其子十五人、
급 기 자 십 오 인

僕二十人從之、
복 이 십 인 종 지

涉約但以迎王、
섭 약 단 이 영 왕

삼하19:18

有舟往還濟王眷聚、
유 주 왕 환 제 왕 권 취

隨王所欲、
수 왕 소 욕

王將濟時、
왕 장 제 시

基拉子示每伏於王
기 랍 자 시 매 복 어 왕

前、
전

삼하19:19

曰、
왈

我主勿罪我、
아 주 물 죄 아

當我主我王出耶路撒
당 아 주 아 왕 출 야 로 살

冷時、
랭 시

僕所行悖逆之事、
복 소 행 패 역 지 사

祈勿念之、
기 물 념 지

勿介於懷、
물 개 어 회

삼하19:20

僕自知干罪、
복 자 지 간 죄

故今日約瑟家中、
고 금 일 약 슬 가 중

我至獨先、
아 지 독 선

以迎我主我王、
이 영 아 주 아 왕

삼하19:21

洗魯雅子亞比篩曰、
세 로 아 자 아 비 사 왈

耶和華之受膏者、
야 화 화 지 수 고 자

示每詛之、
시 매 저 지

可不致之死乎、
가 불 치 지 사 호

삼하19:22

大衛曰、
대 위 왈

洗魯雅子、
세 로 아 자

我與爾曹何與、
아 여 이 조 하 여

使爾今日敵我、
사 이 금 일 적 아

我豈不知今日我爲以
아 기 불 지 금 일 아 위 이

色列王、
색 열 왕

詎可在以色列中、
거 가 재 이 색 열 중

致人於死乎、
치 인 어 사 호

삼하19:23

遂語示每曰、
수 어 시 매 왈

爾必不死、
이 필 불 사

加之以誓、○
가 지 이 서

삼하19:24

掃羅孫米非波設亦來
소 라 손 미 비 파 설 역 래

迎王、
영 왕

自王出亡、
자 왕 출 망

及王安歸、
급 왕 안 귀

不治其足、
불 치 기 족

不理其鬚、
불 리 기 수

不浣其衣、
불 완 기 의

삼하19:25

至耶路撒冷迎王、
지 야 로 살 랭 영 왕

王曰、
왕 왈

米非波設、
미 비 파 설

不與我同行、
불 여 아 동 행

曷故、
갈 고

삼하19:26

對曰、
대 왈

我主我王、
아 주 아 왕

爾僕跛足、
이 복 파 족

意欲備驢乘之、
의 욕 비 려 승 지

與王同行、
여 왕 동 행

而我僕欺我、
이 아 복 기 아

삼하19:27

且謗爾僕於我主我王
차 방 이 복 어 아 주 아 왕

前、
전

惟我主我王如祆上帝
유 아 주 아 왕 여 천 상 제

之使、
지 사

依爾所視爲善者行
의 이 소 시 위 선 자 행

之、
지

삼하19:28

蓋我祖全家、
개 아 조 전 가

於我主我王前、
어 아 주 아 왕 전

咸如死者、
함 여 사 자

然爾使僕列於同席者
연 이 사 복 열 어 동 석 자

中、
중

我尙有何理、
아 상 유 하 리

可籲於王、
가 유 어 왕

삼하19:29

王曰、
왕 왈

何復言爾事乎、
하 복 언 이 사 호

我命爾與洗巴、
아 명 이 여 세 파

均分田畝、
균 분 전 무

삼하19:30

米非波設曰、
미 비 파 설 왈

我主我王旣安然還
아 주 아 왕 기 안 연 환

宮、
궁

任其悉取可也、○
임 기 실 취 가 야

삼하 19:31

基列人巴西萊自羅基
기 열 인 파 서 래 자 라 기

琳至、
림 지

偕王而行、
해 왕 이 행

送之濟約但、
송 지 제 약 단

삼하 19:32

巴西萊老邁、
파 서 래 로 매

年已八十、
년 이 팔 십

其家巨富、
기 가 거 부

王在瑪哈念時、
왕 재 마 합 념 시

嘗以所需供王、
상 이 소 수 공 왕

삼하19:33

王謂巴西萊曰、
왕 위 파 서 래 왈

與我偕往、
여 아 해 왕

我在耶路撒冷、
아 재 야 로 살 랭

以贍養爾、
이 섬 양 이

삼하19:34

巴西萊曰、
파 서 래 왈

我生存之日、
아 생 존 지 일

尙有幾何、
상 유 기 하

可偕王上耶路撒冷
가 해 왕 상 야 로 살 랭

乎、
호

삼하19:35

今僕年八十、
금 복 년 팔 십

所食所飮、
소 식 소 음

豈能知其味、
기 능 지 기 미

辨其美惡乎、
변 기 미 악 호

男女謳歌、
남 녀 구 가

豈能聞其聲乎、
기 능 문 기 성 호

何爲累我主我王、
하 위 루 아 주 아 왕

삼하19:36

僕第偕王濟約但、
복 제 해 왕 제 약 단

何必加我若是之賞賚乎、
하 필 가 아 약 시 지 상 뢰 호

삼하19:37

容僕旋歸、
용 복 선 귀

死於故邑、
사 어 고 읍

在我父母墓側、
재 아 부 모 묘 측

爾僕金罕在此、
이 복 금 한 재 차

請准其與我主我王偕
청 준 기 여 아 주 아 왕 해

濟、
제

依爾所視爲善者待
의 이 소 시 위 선 자 대

之、
지

삼하19:38

王曰、
왕 왈

金罕必與我偕往、
금 한 필 여 아 해 왕

我依爾所視爲善者待
아 의 이 소 시 위 선 자 대

之、
지

爾有所求、
이 유 소 구

我必爲爾行之、
아 필 위 이 행 지

삼하19:39

於是民衆濟約但、
어 시 민 중 제 약 단

王亦濟、
왕 역 제

王與巴西萊接吻、
왕 여 파 서 래 접 문

爲之祝嘏、
위 지 축 하

巴西萊遂歸故土、○
파 서 래 수 귀 고 토

삼하19:40

王旣濟、
왕 기 제

至吉甲、
지 길 갑

金罕偕行、
금 한 해 행

猶大民衆、
유 대 민 중

及以色列民之半送
급 이 색 열 민 지 반 송

之、
지

삼하19:41

以色列衆來見王曰、
이 색 열 중 래 견 왕 왈

我之昆弟猶大人、
아 지 곤 제 유 대 인

何爲私導王、
하 위 사 도 왕

與眷聚及僕從、
여 권 취 급 복 종

濟約但河、
제 약 단 하

삼하19:42

猶大人曰、
유 대 인 왈

王與我同宗、
왕 여 아 동 종

何因此事而怒、
하 인 차 사 이 노

我豈食王祿、
아 기 식 왕 록

王豈有所饋於我乎、
왕 기 유 소 궤 어 아 호

삼하19:43

以色列人曰、
이 색 열 인 왈

我儕於王、
아 제 어 왕

分有其十、
분 유 기 십

與大衛之情誼、
여 대 위 지 정 의

較爾尤深、
교 이 우 심

爾導我王歸、
이 도 아 왕 귀

曷藐視我、
갈 막 시 아

不先與我議乎、
불 선 여 아 의 호

然猶大人之言、
연 유 대 인 지 언

較以色列人尤厲、
교 이 색 열 인 우 려

撒母耳記下 第二十章
살 모 이 기 하 제 이 십 장

삼하20:1

在彼適有匪徒、
재 피 적 유 비 도

便雅憫人比基利
편 아 민 인 비 기 리

子示巴、
자 시 파

吹角、
취 각

曰、
왈

我與大衛無與、
아 여 대 위 무 여

於耶西子無業、
어 야 서 자 무 업

以色列族、
이 색 열 족

各歸故幕可也、
각 귀 고 막 가 야

삼하20:2

於是以色列人不從大
어 시 이 색 열 인 불 종 대

衛、
위

而從比基利子示巴、
이 종 비 기 리 자 시 파

惟猶大人自約但至耶
유 유 대 인 자 약 단 지 야

路撒冷、
로살랭

附於其王、○
부어기왕

삼하20:3

大衛王至耶路撒冷、
대위왕지야로살랭

入宮、
입궁

將前所留守宮之妃十
장전소류수궁지비십

人、
인

幽於別室、
유어별실

供其所需、
공기소수

不復進御、
불복진어

使如嫠婦、
사여리부

至於死日、
지어사일

삼하20:4

王謂亞瑪撒曰、
왕 위 아 마 살 왈

限以三日、
한 이 삼 일

爲我集猶大人、
위 아 집 유 대 인

與爾偕至、
여 이 해 지

삼하20:5

亞瑪撒往集猶大人、
아 마 살 왕 집 유 대 인

稽延逾限、
계 연 유 한

삼하20:6

大衛謂亞比篩曰、
대 위 위 아 비 사 왈

今比基利子示巴、
금 비 기 리 자 시 파

必將貽害、
필 장 이 해

更甚於押沙龍、
경 심 어 압 사 룡

當率爾主之僕、
당 솔 이 주 지 복

追襲其後、
추 습 기 후

免其入於堅城、
면 기 입 어 견 성

得以避我、
득 이 피 아

삼하20:7

約押之卒、
약 압 지 졸

與基利提人、
여 기 리 제 인

比利提人、
비 리 제 인

及衆勇士從之、
급 중 용 사 종 지

咸出耶路撒冷、
함 출 야 로 살 랭

追襲比基利子示巴、
추 습 비 기 리 자 시 파

삼하20:8

至基遍之大磐、
지 기 편 지 대 반

亞瑪撒來迓、
아 마 살 래 아

約押身衣戎衣、
약 압 신 의 융 의

腰束以帶、
요 속 이 대

中挾刃、
중 협 인

藏於鞘、
장 어 초

行時刃墜、
행 시 인 추

삼하20:9

約押謂亞瑪撒曰、
약 압 위 아 마 살 왈

吾兄安乎、
오 형 안 호

乃以右手握其鬚、
내 이 우 수 악 기 수

欲與接吻、
욕 여 접 문

삼하20:10

亞瑪撒不防約押手中
아 마 살 불 방 약 압 수 중

之刃、
지 인

約押刺其腹、
약 압 자 기 복

腸流於地、
장 류 어 지

不再擊而卽斃、
불 재 격 이 즉 폐

約押與弟亞比篩、
약 압 여 제 아 비 사

追襲比基利子示巴、
추 습 비 기 리 자 시 파

삼하20:11

約押軍中、
약 압 군 중

有少者一人立於屍旁
유 소 자 일 인 립 어 시 방

曰、
왈

凡悅約押、
범 열 약 압

爲大衛者、
위 대 위 자

其從約押、
기 종 약 압

삼하20:12

時、
시

亞瑪撒僕於途間、
아 마 살 복 어 도 간

臥於血中、
와 어 혈 중

少者見民至此而立、
소 자 견 민 지 차 이 립

卽移其屍、
즉 이 기 시

自大道至田間、
자 대 도 지 전 간

掩之以衣、
엄 지 이 의

삼하20:13

旣自大道移屍、
기 자 대 도 이 시

民衆遂從約押、
민 중 수 종 약 압

追襲比基利子示巴、
추 습 비 기 리 자 시 파

삼하20:14

約押遍行以色列諸支
약 압 편 행 이 색 열 제 지

派、
파

至伯瑪迦之亞比拉、
지 백 마 가 지 아 비 랍

及比利人所、
급 비 리 인 소

其人咸集相從、
기 인 함 집 상 종

삼하20:15

遂至、
수 지

圍示巴於伯瑪迦之亞
위 시 파 어 백 마 가 지 아

比拉、
비 랍

附城築壘、
부 성 축 루

陷其牆垣、
함 기 장 원

慾傾圮之、
욕 경 비 지

삼하20:16

有一哲婦自邑呼曰、
유 일 철 부 자 읍 호 왈

聽之聽之、
청 지 청 지

請約押來前、
청 약 압 래 전

吾欲與言、
오 욕 여 언

삼하20:17

旣近、
기 근

婦曰、
부 왈

爾約押乎、
이 약 압 호

曰、
왈

是也、
시 야

婦曰、
부 왈

請聽婢言、
청 청 비 언

曰、
왈

吾聽之、
오 청 지

삼하20:18

婦曰、
부 왈

昔人有言、
석 인 유 언

必問於亞比拉、
필 문 어 아 비 랍

乃畢其事、
내 필 기 사

삼하20:19

我邑在以色列中、
아 읍 재 이 색 열 중

和平忠信、
화 평 충 신

今爾欲滅以色列之母
금 이 욕 멸 이 색 열 지 모

邑、
읍

何爲並呑耶和華之業
하 위 병 탄 야 화 화 지 업

乎、
호

삼하20:20

約押曰、
약 압 왈

我決不幷呑毁滅之、
아 결 불 병 탄 훼 멸 지

삼 하 20:21

其事非若是也、
기 사 비 약 시 야

惟以法蓮山地之人、
유 이 법 련 산 지 지 인

比基利子示巴、
비 기 리 자 시 파

擧手攻大衛王、
거 수 공 대 위 왕

今獨以之付我、
금 독 이 지 부 아

我卽離邑而去、
아 즉 리 읍 이 거

婦曰、
부 왈

必以其首擲於城外、
필 이 기 수 척 어 성 외

삼 하 20:22

婦以智慧勸衆、
부 이 지 혜 권 중

遂斬比基利子示巴
수 참 비 기 리 자 시 파

首、
수

擲與約押、
척 여 약 압

約押吹角、
약 압 취 각

衆乃離邑而散、
중 내 리 읍 이 산

各歸其幕、
각 귀 기 막

約押返耶路撒冷覲
약 압 반 야 로 살 랭 근

王、○
왕

삼하20:23

約押爲以色列軍長、
약 압 위 이 색 열 군 장

耶何耶大子比拿雅、
야 하 야 대 자 비 나 아

統轄基利提人、
통 할 기 리 제 인

比利提人、
비 리 제 인

삼하20:24

亞多蘭統轄工役、
아다란통할공역
亞希律子約沙法
아희률자약사법
爲史官、
위사관

삼하20:25

示法爲繕寫、
시법위선사
撒督與亞比亞他
살독여아비아타
爲祭司、
위제사

삼하20:26

睚珥人以拉爲
애이인이랍위
大衛之相、
대위지상

撒母耳記下
살모이기하
第二十一章
제이십일장

삼하21:1

大衛在位之時、
대 위 재 위 지 시

饑饉歷三載、
기 근 력 삼 재

大衛諮諏耶和華、
대 위 자 추 야 화 화

耶和華曰、
야 화 화 왈

緣掃羅及其流血之
연 소 라 급 기 류 혈 지

家、
가

殺基徧人也、
살 기 편 인 야

삼하21:2

夫基徧人、
부 기 편 인

原爲亞摩利族之遺
원 위 아 마 리 족 지 유

民、
민

不屬以色列族、
불 속 이 색 열 족

以色列族與之盟約、
이 색 열 족 여 지 맹 약

掃羅爲以色列及猶大
소 라 위 이 색 열 급 유 대

人熱中、
인 열 중

謀殺戮之、
모 살 륙 지

삼하21:3

大衛召基徧人、
대 위 소 기 편 인

謂之曰、
위 지 왈

我當爲爾何爲、
아 당 위 이 하 위

何以贖此罪、
하 이 속 차 죄

俾爾爲耶和華之業祝
비 이 위 야 화 화 지 업 축

嘏、
하

삼하21:4

基徧人曰、
기 편 인 왈

我儕與掃羅及其家、
아 제 여 소 라 급 기 가

其間之事、
기 간 지 사

不在金銀、
불 재 금 은

殺以色列一人、
살 이 색 열 일 인

亦非我儕所爲、
역 비 아 제 소 위

王曰、
왕 왈

爾所言者、
이 소 언 자

我必爲爾行之、
아 필 위 이 행 지

삼하21:56

曰、
왈

昔耶和華簡掃羅爲
석 야 화 화 간 소 라 위

王、
왕

彼謀害我、
피 모 해 아

欲行殲滅、
욕 행 섬 멸

使我不存於以色列四
사 아 불 존 어 이 색 열 사

境、
경

我願以其後裔七人付
아 원 이 기 후 예 칠 인 부

我、
아

我將爲耶和華、
아 장 위 야 화 화

懸之於其邑基比亞、
현 지 어 기 읍 기 비 아

王曰、
왕 왈

我必付焉、
아 필 부 언

삼하21:7

昔大衛與掃羅子約拿
석 대 위 여 소 라 자 약 나

單、
단

指耶和華而誓、
지 야 화 화 이 서

故王惜掃羅孫、
고 왕 석 소 라 손

約拿單子米非波設、
약 나 단 자 미 비 파 설

삼하21:8

乃以掃羅妃、
내 이 소 라 비

愛雅女利斯巴所生二
애 아 녀 리 사 파 소 생 이

子、
자

亞摩尼米非波設、
아 마 니 미 비 파 설

及掃羅女米拉、
급 소 라 녀 미 랍

適米何拉人巴西萊子
적 미 하 랍 인 파 서 래 자

亞得利、
아 득 리

所生五子、
소 생 오 자

삼하21:9

付於基遍人手、
부 어 기 편 인 수

懸於山上、
현 어 산 상

在耶和華前、
재 야 화 화 전

七人俱亡、
칠 인 구 망

其見殺時、
기 견 살 시

乃始刈麰麥之際、
내 시 예 모 맥 지 제

삼하21:10

愛雅女利斯巴、
애 아 녀 리 사 파

取麻布張於磐、
취 마 포 장 어 반

自初獲之時、
자 초 획 지 시

迄天降雨、
흘 천 강 우

晝不容飛鳥、
주 불 용 비 조

夜不容走獸、
야 불 용 주 수

來犯其屍、
래 범 기 시

삼하21:11

或以掃羅妃、
혹 이 소 라 비

愛雅女利斯巴所爲、
애 아 녀 리 사 파 소 위

告大衛、
고 대 위

삼하21:12

昔非利士人殺掃羅在
석 비 리 사 인 살 소 라 재

基利波、
기 리 파

懸掃羅及約拿單屍於
현 소 라 급 약 나 단 시 어

伯珊之衢、
백 산 지 구

基列雅比人盜之而
기 열 아 비 인 도 지 이

歸、
귀

삼하21:13

今大衛命取其骸骨、
금 대 위 명 취 기 해 골

並取被懸者之骸骨、
병 취 피 현 자 지 해 골

삼하21:14

俱葬於便雅憫地之洗
구 장 어 편 아 민 지 지 세

拉、
랍

掃羅父基士之墓、
소 라 부 기 사 지 묘

衆循王命而行、
중 순 왕 명 이 행

嗣後祆上帝垂顧其
사 후 천 상 제 수 고 기

地、○
지

삼하21:15

非利士人復與以色列
비 리 사 인 복 여 이 색 열

戰、
전

大衛率其臣僕迎擊、
대 위 솔 기 신 복 영 격

大衛困憊、
대 위 곤 비

삼하21:16

利乏裔以實比執銅
리 핍 예 이 실 비 집 동

戟、
극

重三百舍客勒、
중 삼 백 사 객 륵

且佩新刃、
차 패 신 인

欲殺大衛、
욕 살 대 위

삼하21:17

洗魯雅子亞比篩救
세 로 아 자 아 비 사 구

之、
지

擊殺非利士人、
격 살 비 리 사 인

於是大衛僕從誓曰、
어 시 대 위 복 종 서 왈

嗣後爾勿復偕我出
사 후 이 물 복 해 아 출

戰、
전

恐滅以色列之燈光、
공 멸 이 색 열 지 등 광

○

삼하21:18

厥後、
궐 후

又與非利士人戰於歌
우 여 비 리 사 인 전 어 가

伯、
백

戶沙人西比該、
호 사 인 서 비 해

殺利乏裔撒弗、
살 리 핍 예 살 불

삼하21:19

又與非利士人戰於歌
우 여 비 리 사 인 전 어 가

伯、
백

伯利恆人雅雷俄珥金
백 리 긍 인 아 뢰 아 이 금

子伊勒哈難殺迦特人
자 이 륵 합 난 살 가 특 인

歌利亞、
가 리 아

其槍之柯、
기 창 지 가

大如織器之梁、
대 여 직 기 지 량

삼하21:20

又戰於迦特、
우 전 어 가 특

有利乏裔一人、
유 리 핍 예 일 인

軀幹修偉、
구 간 수 위

手足各有六指、
수 족 각 유 육 지

共二十有四、
공 이 십 유 사

삼하21:21

其人侮以色列時、
기 인 모 이 색 열 시

大衛兄示米亞子約拿
대 위 형 시 미 아 자 약 나

單殺之、
단 살 지

삼하21:22

此四人、
차 사 인

皆利乏裔、
개 리 핍 예

生於迦特、
생 어 가 특

死於大衛及其臣僕之
사 어 대 위 급 기 신 복 지

手、
수

撒母耳記下
살 모 이 기 하

第二十二章
제 이 십 이 장

삼하22:1

耶和華拯大衛
야 화 화 증 대 위

於諸敵、
어 제 적

及掃羅之手時、
급 소 라 지 수 시

大衛作歌以頌之、
대 위 작 가 이 송 지

삼하22:2

曰、
왈

耶和華爲我磐石、
야 화 화 위 아 반 석

我之保障、
아 지 보 장

我之救援兮、
아 지 구 원 혜

삼하22:3

祆上帝我之磐石、
천 상 제 아 지 반 석

我託庇於彼兮、
아 탁 비 어 피 혜

爲我之盾、
위 아 지 순

拯救之角、
증 구 지 각

我之高臺、
아 지 고 대

避難之所兮、
피 난 지 소 혜

我救者歟、
아 구 자 여

爾乃援我於兇暴兮、
이 내 원 아 어 흉 폭 혜

삼하22:4

耶和華宜頌美兮、
야 화 화 의 송 미 혜

我呼籲之、
아 호 유 지

則見拯於諸敵兮、
칙 견 증 어 제 적 혜

삼하22:5

死亡之波濤環我、
사 망 지 파 도 환 아

匪勢之衝激怖我、
비 세 지 충 격 포 아

삼하22:6

陰府之繩索繞我、
음 부 지 승 색 요 아

死亡之機檻逮我、
사 망 지 기 함 체 아

삼하22:7

我苦難中呼耶和華、
아 고 난 중 호 야 화 화

籲我袄上帝兮、
유 아 천 상 제 혜

彼自殿中垂聽我聲、
피 자 전 중 수 청 아 성

我之呼籲達
아 지 호 유 달

於其耳兮、
어 기 이 혜

삼하22:8

因彼奮怒、
인 피 분 노

大地震動、
대 지 진 동

天基搖撼兮、
천 기 요 감 혜

삼하22:9

煙自其鼻升、
연 자 기 비 승

火從其口出、
화 종 기 구 출

炭爲所燃兮、
탄 위 소 연 혜

삼하22:10

垂諸天而臨格、
수 제 천 이 림 격

足下幽且深兮、
족 하 유 차 심 혜

삼하22:11

乘基路伯而飛、
승 기 로 백 이 비

藉風翼而顯見兮、
자 풍 익 이 현 견 혜

삼하22:12

使玄冥爲幕以環之、
사 현 명 위 막 이 환 지

卽水之匯聚、
즉 수 지 회 취

雲之濃密兮、
운 지 농 밀 혜

삼하22:13

由其前之光輝、
유 기 전 지 광 휘

炭爲所燃兮、
탄 위 소 연 혜

삼하22:14

耶和華自天起雷、
야 화 화 자 천 기 뢰

至高者發其聲兮、
지 고 자 발 기 성 혜

삼하22:15

彼發矢以潰敵、
피 발 시 이 궤 적

閃電而亂之兮、
섬 전 이 란 지 혜

삼하22:16

因耶和華叱咤、
인 야 화 화 질

鼻息之發、
비 식 지 발

海底見而地基露兮、
해 저 견 이 지 기 로 혜

삼하22:17

彼自上垂手、
피 자 상 수 수

援我於巨浸兮、
원 아 어 거 침 혜

삼하22:18

拯我於勁敵、
증 아 어 경 적

及憾我者、
급 감 아 자

以其强於我兮、
이 기 강 어 아 혜

삼하22:19

我遭難時、
아 조 난 시

敵來攻我、
적 래 공 아

惟耶和華爲我所恃兮、
유 야 화 화 위 아 소 시 혜

삼하22:20

導我入寬廣之區、
도 아 입 관 광 지 구

施行救援、
시 행 구 원

以其悅我兮、
이 기 열 아 혜

삼하22:21

耶和華依我行之義而
야 화 화 의 아 행 지 의 이

賞賚、
상 뢰

循我手之潔而報施、
순 아 수 지 결 이 보 시

삼하22:22

因我守耶和華之道、
인 아 수 야 화 화 지 도

未嘗爲惡、
미 상 위 악

離我祇上帝兮、
리 아 저 상 제 혜

삼하22:23

彼之律例、
피 지 률 례

悉在我前、
실 재 아 전

未嘗違其典章兮、
미 상 위 기 전 장 혜

삼 하 22:24

我於其前爲完人、
아 어 기 전 위 완 인

自守而遠惡兮、
자 수 이 원 악 혜

삼 하 22:25

故耶和華依我之義、
고 야 화 화 의 아 지 의

視我之潔、
시 아 지 결

而報我兮、
이 보 아 혜

삼 하 22:26

爾於仁慈者應以仁慈、
이 어 인 자 자 응 이 인 자

純全者應以純全、
순 전 자 응 이 순 전

삼 하 22:27

清潔者應以清潔、
청 결 자 응 이 청 결

乖戾者應以拂逆、
괴 려 자 응 이 불 역

삼하22:28

困苦之民、
곤 고 지 민

爾救援之、
이 구 원 지

驕泰之輩、
교 태 지 배

爾目鑒察、
이 목 감 찰

而卑抑之兮、
이 비 억 지 혜

삼하22:29

耶和華歟、
야 화 화 여

爾爲我之燈光、
이 위 아 지 등 광

耶和華必燭我幽暗
야 화 화 필 촉 아 유 암

兮、
혜

삼하22:30

我賴爾衝突敵軍、
아 뢰 이 충 돌 적 군

恃我祆上帝逾越垣墉
시 아 천 상 제 유 월 원 용

兮、
혜

삼하22:31

祆上帝之道純全、
천 상 제 지 도 순 전

耶和華之言經驗、
야 화 화 지 언 경 험

凡託庇於彼者、
범 탁 비 어 피 자

彼爲其盾兮、
피 위 기 순 혜

삼하22:32

耶和華而外、
야 화 화 이 외

孰爲祆上帝兮、
숙 위 천 상 제 혜

我祆上帝而外、
아 천 상 제 이 외

孰爲磐石兮、
숙 위 반 석 혜

삼하22:33

祇上帝爲我鞏固之保障、
천 상 제 위 아 공 고 지 보 장

導完人行其道途兮、
도 완 인 행 기 도 도 혜

삼하22:34

令我足捷如鹿、
령 아 족 첩 여 록

置我於高處兮、
치 아 어 고 처 혜

삼하22:35

教我手習戰鬪、
교 아 수 습 전 두

致我臂挽銅弓兮、
치 아 비 만 동 궁 혜

삼하22:36

爾賜我拯救之盾、
이 사 아 증 구 지 순

爾之溫和、
이 지 온 화

俾我爲大兮、
비 아 위 대 혜

삼하22:37

使我步履寬裕、
사 아 보 리 관 유

我足未嘗滑跌兮、
아 족 미 상 활 질 혜

삼하22:38

我追敵而殲之、
아 추 적 이 섬 지

未行殄滅、
미 행 진 멸

不旋歸兮、
불 선 귀 혜

삼하22:39

我施剿而破之、
아 시 초 이 파 지

使之不振、
사 지 불 진

僕我足下兮、
복 아 족 하 혜

삼하22:40

蓋爾以力束我、
개 이 이 력 속 아

使備戰爭、
사 비 전 쟁

起而攻我者、
기 이 공 아 자

俾服於我兮、
비 복 어 아 혜

삼하22:41

使我諸敵背我而馳、
사 아 제 적 배 아 이 치

致我翦滅憾我者兮、
치 아 전 멸 감 아 자 혜

삼하22:42

彼瞻望而無援、
피 첨 망 이 무 원

籲耶和華亦弗應兮、
유 야 화 화 역 불 응 혜

삼하22:43

我則搗之若地上之
아 칙 도 지 약 지 상 지

塵、
진

踐之若街中之泥、
천 지 약 가 중 지 니

散之四方兮、
산 지 사 방 혜

삼하22:44

爾援我於我民之競
이 원 아 어 아 민 지 경

爭、
쟁

保我爲列邦之元首、
보 아 위 열 방 지 원 수

我所不識之民、
아 소 불 식 지 민

必服役我兮、
필 복 역 아 혜

삼하22:45

外族之人、
외 족 지 인

必歸誠我、
필 귀 성 아

聞我之名、
문 아 지 명

立卽順從兮、
립 즉 순 종 혜

삼하22:46

外族衰落、
외 족 쇠 락

出其衛所、
출 기 위 소

戰慄而來兮、
전 률 이 래 혜

삼하22:47

耶和華維生兮、
야 화 화 유 생 혜

我之磐石、
아 지 반 석

宜頌美兮、
의 송 미 혜

祆上帝我拯救之磐石、
천 상 제 아 증 구 지 반 석

當尊崇兮、
당 존 숭 혜

삼하22:48

祆上帝爲我復仇、
천 상 제 위 아 복 구

使諸民服於我兮、
사 제 민 복 어 아 혜

삼하22:49

援我於敵、
원 아 어 적

擧我超乎攻我者、
거 아 초 호 공 아 자

拯我於强暴兮、
증 아 어 강 폭 혜

삼하22:50
耶和華歟、
야 화 화 여

我必於列邦中稱謝
아 필 어 열 방 중 칭 사

爾、
이

歌頌爾名兮、
가 송 이 명 혜

삼하22:51
耶和華大施拯救於所
야 화 화 대 시 증 구 어 소

立之王、
립 지 왕

施恩於其受膏者、
시 은 어 기 수 고 자

卽大衛及其後裔、
즉 대 위 급 기 후 예

永世靡暨兮、
영 세 미 기 혜

撒母耳記下
살 모 이 기 하

第二十三章
제 이 십 삼 장

삼하23:1

大衛末終之言列左、
대 위 말 종 지 언 열 좌

耶西子大衛、
야 서 자 대 위

得居高位、
득 거 고 위

受膏於雅各之
수 고 어 아 각 지

祆上帝、
천 상 제

爲以色列之
위 이 색 열 지

善歌者曰、
선 가 자 왈

삼하23:2

耶和華之神
야 화 화 지 신

感我而言、
감 아 이 언

厥詞在於我口、
궐 사 재 어 아 구

삼하23:3

以色列之祆上帝
이 색 열 지 천 상 제

有言、
유 언

以色列之磐石
이 색 열 지 반 석

謂我曰、
위 아 왈

以義治人、
이 의 치 인

寅畏祆上帝、
인 외 천 상 제

而秉權者、
이 병 권 자

삼하23:4

譬如旭日朝暉、
비 여 욱 일 조 휘

清晨無雲、
청 신 무 운

雨後日照、
우 후 일 조

嫩草自地而發、
눈 초 자 지 이 발

삼하23:5

我家之於祆上帝、
아 가 지 어 천 상 제

非若是乎、
비 약 시 호

彼與我立永約、
피 여 아 립 영 약

諸事堅定、
제 사 견 정

救我之事、
구 아 지 사

及我所望、
급 아 소 망

彼豈不成之乎、
피 기 불 성 지 호

삼하23:6

惟彼匪徒、
유 피 비 도

如被棄之荊棘、
여 피 기 지 형 극

手不得執、
수 불 득 집

삼하23:7

人欲取之、
인 욕 취 지

必以鐵器與槍柯、
필 이 철 기 여 창 가

終於其地、
종 어 기 지

焚之務盡、○
분 지 무 진

삼하23:8

從大衛之勇士、
종 대 위 지 용 사

名列於左、
명 열 어 좌

軍長之首、
군 장 지 수

他革們人約設巴設、
타 혁 문 인 약 설 파 설

又稱伊斯尼人亞底
우 칭 이 사 니 인 아 저

挪、
나

一時擊斃八百人、
일 시 격 폐 팔 백 인

삼하23:9

其次亞合裔、
기 차 아 합 예

朶多子以利亞撒、
타 다 자 이 리 아 살

昔非利士人集戰、
석 비 리 사 인 집 전

以色列人逆之、
이 색 열 인 역 지

從大衛者、
종 대 위 자

有三勇士挑戰、
유 삼 용 사 도 전

此人與焉、
차 인 여 언

삼하23:10

彼擊非利士人、
피 격 비 리 사 인

至於手倦、
지 어 수 권

握刃不能釋、
악 인 불 능 석

當日耶和華使之大獲
당 일 야 화 화 사 지 대 획

勝捷、
승 첩

民衆但隨其後、
민 중 단 수 기 후

掠取貨財、
략 취 화 재

삼하23:11

其次哈拉人亞基子沙
기 차 합 랍 인 아 기 자 사

瑪、
마

昔非利士人羣集於豆
석 비 리 사 인 군 집 어 두

田、
전

以色列衆遁逃、
이 색 열 중 둔 도

삼하23:12

沙瑪立於田間、
사 마 립 어 전 간

以護其地、
이 호 기 지

殺非利士人、
살 비 리 사 인

耶和華使之大獲勝
야 화 화 사 지 대 획 승

捷、
첩

삼하23:13

穡時、
색 시

三十首領中、
삼 십 수 령 중

有三人至亞杜蘭穴、
유 삼 인 지 아 두 란 혈

以覲大衛、
이 근 대 위

非利士軍建營於利乏
비 리 사 군 건 영 어 리 핍

音谷、
음 곡

삼하23:14

時、
시

大衛在保障、
대 위 재 보 장

非利士汛在伯利恆、
비 리 사 신 재 백 리 긍

삼하23:15

大衛歆羨曰、
대 위 흠 선 왈

深願有人由伯利恆門
심 원 유 인 유 백 리 긍 문

側之井、
측 지 정

汲水以飲我、
급 수 이 음 아

삼하23:16

勇士三人衝過非利士
용 사 삼 인 충 과 비 리 사

軍、
군

由伯利恆門側之井汲
유 백 리 긍 문 측 지 정 급

水、
수

擕詣大衛、
휴 예 대 위

大衛不飲、
대 위 불 음

乃灌之於耶和華前、
내 관 지 어 야 화 화 전

삼하23:17

曰、
왈

耶和華歟、
야 화 화 여

我決不爲此、
아 결 불 위 차

豈飮冒死者之血乎、
기 음 모 사 자 지 혈 호

故不飮、
고 불 음

三勇士所爲若此、
삼 용 사 소 위 약 차

삼하23:18

其中洗魯雅子、
기 중 세 로 아 자

約押弟亞比篩爲首、
약 압 제 아 비 사 위 수

嘗揮戈擊斃三百人、
상 휘 과 격 폐 삼 백 인

遂在三百人中得名
수 재 삼 백 인 중 득 명

譽、
예

삼하23:19

彼在三人中爲最尊、
피 재 삼 인 중 위 최 존

故爲其魁、
고 위 기 괴

惟不得與首三人同
유 불 득 여 수 삼 인 동

列、
열

삼하23:20

又有甲薛勇士耶何耶
우 유 갑 설 용 사 야 하 야

大子比拿雅、
대 자 비 나 아

大有作爲、
대 유 작 위

殺摩押人亞利伊勒二
살 마 압 인 아 리 이 륵 이

子、
자

又當雨雪時、
우 당 우 설 시

下阱擊獅、
하 정 격 사

삼하23:21

又殺埃及壯士、
우 살 애 급 장 사

其人執戈、
기 인 집 과

比拿雅以杖往迎、
비나아이장왕영

奪其戈而殺之、
탈기과이살지

삼하23:22

比拿雅所爲如是、
비나아소위여시

遂在三勇士中得名
수재삼용사중득명

譽、
예

삼하23:23

彼較三十首領爲尊、
피교삼십수령위존

惟不及前三人、
유불급전삼인

大衛立之爲侍衛長、
대위립지위시위장

○

삼하23:24

三十人中、
삼십인중

有約押弟亞撒黑、
유약압제아살흑

伯利恆人朵多子伊勒
백리긍인타다자이륵

哈難、
합난

삼하23:25

哈律人沙瑪、
합률인사마

及以利加、
급이리가

삼하23:26

帕勒提人希利斯、
파륵제인희리사

提哥亞人益吉子以
제가아인익길자이

拉、
랍

삼하23:27

亞拿突人亞比以謝、
아나돌인아비이사

戶沙人米本乃、
호사인미본내

삼하23:28

亞合人撒們、
아합인살문

尼陀法人瑪哈萊、
니 타 법 인 마 합 래

삼하23:29

尼陀法人巴拿子希
니 타 법 인 파 나 자 희

立、
립

便雅憫族、
편 아 민 족

基比亞人利拜子以
기 비 아 인 리 배 자 이

太、
태

삼하23:30

比拉頓人比拿雅、
비 랍 돈 인 비 나 아

迦實溪人希太、
가 실 계 인 희 태

삼하23:31

伯亞拉巴人亞比亞
백 아 랍 파 인 아 비 아

本、
본

巴魯米人押斯瑪弗、
파 로 미 인 압 사 마 불

삼하23:32

沙本人以利雅哈巴、
사 본 인 이 리 아 합 파

雅善衆子中約拿單、
아 선 중 자 중 약 나 단

삼하23:33

哈拉人沙瑪、
합 랍 인 사 마

及沙拉子亞希暗、
급 사 랍 자 아 희 암

삼하23:34

瑪迦族、
마 가 족

亞哈拜子以利法列、
아 합 배 자 이 리 법 열

基羅人亞希多弗子以
기 라 인 아 희 다 불 자 이

連、
련

삼하23:35

迦密人希斯萊、
가 밀 인 희 사 래

亞巴人帕萊、
아 파 인 파 래

삼하23:36

瑣巴人拿單子以甲、
쇄 파 인 나 단 자 이 갑

迦得人巴尼、
가 득 인 파 니

삼하23:37

亞捫人西勒、
아 문 인 서 륵

比錄人拿哈萊、
비 록 인 나 합 래

此二人、
차 이 인

爲洗魯雅子約押執兵
위 세 로 아 자 약 압 집 병

之士、
지 사

삼하23:38

以帖人以拉、
이 첩 인 이 랍

及迦立、
급 가 립

삼하23:39

赫人烏利亞、
혁 인 오 리 아

共三十七人、
공 삼 십 칠 인

撒母耳記下
살 모 이 기 하

第二十四章
제 이 십 사 장

삼하24:1
耶和華復怒
야 화 화 복 노

以色列人、
이 색 열 인

遂感大衛、
수 감 대 위

命人往核以色列
명 인 왕 핵 이 색 열

猶大二族、
유 대 이 족

삼하24:2
軍長約押在側、
군 장 약 압 재 측

王諭之曰、
왕 유 지 왈

爾徧行以色列
이 편 행 이 색 열

諸支派、
제 지 파

自但至別是巴、
자 단 지 별 시 파

核其民數、
핵 기 민 수

俾我知之、
비 아 지 지

삼하24:3

約押謂王曰、
약 압 위 왕 왈

無論民數多寡、
무 론 민 수 다 과

惟願爾之祆上帝
유 원 이 지 천 상 제

耶和華增益百倍、
야 화 화 증 익 백 배

我主我王目擊其事、
아 주 아 왕 목 격 기 사

然我主我王
연 아 주 아 왕

何樂行此、
하 악 행 차

삼하24:4

但約押及諸軍長
단 약 압 급 제 군 장

爲王命所迫、
위 왕 명 소 박

遂退而核以色列民、
수 퇴 이 핵 이 색 열 민

삼하24:5

旣濟約但、
기 제 약 단

至迦得谷中
지 가 득 곡 중

之亞羅珥、
지 아 라 이

建營於邑南、
건 영 어 읍 남

雅謝相對之所、
아 사 상 대 지 소

삼하24:6

後至基列、
후 지 기 열

與他停合示、
여 타 정 합 시

及但雅安、
급 단 아 안

繞至西頓、
요 지 서 돈

삼하24:7

又至推羅保障、
우 지 추 라 보 장

與希未迦南
여 희 미 가 남

二族諸邑、
이 족 제 읍

延及猶大南方、
연 급 유 대 남 방

至別是巴、
지 별 시 파

삼하24:8

遍行其地、
편 행 기 지

凡歷九月有二旬、
범 력 구 월 유 이 순

而返耶路撒冷、
이 반 야 로 살 랭

삼하24:9

約押以民數進於王、
약 압 이 민 수 진 어 왕

以色列人執刃之
이 색 열 인 집 인 지

丁壯八十萬、
정 장 팔 십 만

猶大人五十萬、○
유 대 인 오 십 만

삼하24:10

大衛核民之後、
대 위 핵 민 지 후

中心自責、
중 심 자 책

禱耶和華曰、
도 야 화 화 왈

我行此事、
아 행 차 사

大干罪戾、
대 간 죄 려

愚昧之甚、
우 매 지 심

耶和華歟、
야 화 화 여

求爾宥僕之過、
구 이 유 복 지 과

삼하24:11

詰朝、
힐 조

大衛起時、
대 위 기 시

耶和華諭大衛
야 화 화 유 대 위

之先見迦得曰、
지 선 견 가 득 왈

삼하24:12

往告大衛曰、
왕 고 대 위 왈

耶和華云、
야 화 화 운

我以三者示爾、
아 이 삼 자 시 이

可擇其一、
가 택 기 일

我行於爾、
아 행 어 이

삼하24:13

迦得遂詣大衛曰、
가 득 수 예 대 위 왈

或饑饉臨於
혹 기 근 림 어

爾土七年、
이 토 칠 년

或爲敵追襲
혹 위 적 추 습

遁逃三月、
둔 도 삼 월

或疫癘流行
혹 역 려 류 행

爾國三日、
이 국 삼 일

爾其思之、
이 기 사 지

俾我覆遣我者、
비 아 복 견 아 자

삼하24:14

大衛曰、
대 위 왈

我處窘迫之境、
아 처 군 박 지 경

耶和華矜恤維大、
야 화 화 긍 휼 유 대

願陷於其手、
원 함 어 기 수

勿陷於人手、
물 함 어 인 수

삼하24:15

於是耶和華降
어 시 야 화 화 강

疫癘於以色列、
역 려 어 이 색 열

自清晨至所定之期、
자 청 신 지 소 정 지 기

自但至別是巴、
자 단 지 별 시 파

民間死者七萬人、
민 간 사 자 칠 만 인

삼하24:16

天使向耶路撒冷
천 사 향 야 로 살 랭

舉手、
거 수

將滅之、
장 멸 지

耶和華悔禍、
야 화 화 회 화

謂剿民之使曰、
위 초 민 지 사 왈

足矣、
족 의

可止爾手、
가 지 이 수

其時耶和華之使者、
기 시 야 화 화 지 사 자

在耶布斯人
재 야 포 사 인

亞勞拿之禾場、
아 로 나 지 화 장

삼하24:17

大衛見擊民之天使、
대 위 견 격 민 지 천 사

則禱耶和華曰、
칙 도 야 화 화 왈

犯罪者我、
범 죄 자 아

悖逆者我、
패 역 자 아

惟此羣羊何爲、
유 차 군 양 하 위

願爾攻我、
원 이 공 아

及我父家、○
급 아 부 가

삼하24:18

當日迦得詣大衛曰、
당 일 가 득 예 대 위 왈

爾往爲耶和華築壇、
이 왕 위 야 화 화 축 단

在耶布斯人
재 야 포 사 인

亞勞拿之禾場、
아 로 나 지 화 장

삼하24:19

遂依迦得之言、
수 의 가 득 지 언

遵耶和華命而往、
준 야 화 화 명 이 왕

삼하24:20

亞勞拿望見王
아 로 나 망 견 왕

與僕從至、
여 복 종 지

遂出、
수 출

伏地拜王、
복 지 배 왕

삼하24:21

曰、
왈

我主我王涖
아 주 아 왕 리

臨僕所曷故、
림 복 소 갈 고

大衛曰、
대 위 왈

慾購禾場、
욕 구 화 장

爲耶和華築壇、
위 야 화 화 축 단

使疫止於民間、
사 역 지 어 민 간

삼하24:22

亞勞拿曰、
아 로 나 왈

我主我王可依
아 주 아 왕 가 의

視爲善者、
시 위 선 자

取而獻之、
취 이 헌 지

牛爲燔祭、
우 위 번 제

打谷之具、
타 곡 지 구

與牛之軛爲柴、
여 우 지 액 위 시

삼하24:23

王歟、
왕 여

亞勞拿悉以
아 로 나 실 이

此物與王、
차 물 여 왕

又曰、
우 왈

願爾祇上帝耶和華
원 이 천 상 제 야 화 화

悅納爾、
열 납 이

삼하24:24

王曰、
왕 왈

不然、
불 연

我必依其值而購之、
아 필 의 기 치 이 구 지

不費財之燔祭、
불 비 재 지 번 제

我不欲獻於我
아 불 욕 헌 어 아

祆上帝耶和華、
천 상 제 야 화 화

於是大衛以金
어 시 대 위 이 금

五十舍客勒、
오 십 사 객 륵

購禾場與牛、
구 화 장 여 우

삼하24:25

在彼爲耶和華築壇、
재 피 위 야 화 화 축 단

獻燔祭及酬恩祭、
헌 번 제 급 수 은 제

耶和華允其所祈、
야 화 화 윤 기 소 기

垂顧斯土、
수 고 사 토

疫癘止於
역 려 지 어

以色列中、
이 색 열 중

列王紀上 第一章
열 왕 기 상 제 일 장

왕상1:1

大衛王壽高年邁、
대 위 왕 수 고 년 매

覆以衾而不暖、
복 이 금 이 불 난

왕상 1:2

臣僕告曰、
신 복 고 왈

當爲我主我王、
당 위 아 주 아 왕

求一處女、
구 일 처 녀

侍於王前、
시 어 왕 전

以奉養王、
이 봉 양 왕

臥於王懷、
와 어 왕 회

使我主我王
사 아 주 아 왕

得溫煖焉、
득 온 난 언

왕상 1:3

遂於以色列四境、
수 어 이 색 열 사 경

求佳麗之女、
구가려지녀

得書念女亞比煞、
득서념녀아비살

攜之詣王、
휴지예왕

왕상 1:4

女豔甚、
녀염심

乃以奉養服事王、
내이봉양복사왕

惟王不禦焉、○
유왕불어언

왕상 1:5

哈及之子亞多尼雅
합급지자아다니아

自高曰、
자고왈

我必爲王、
아필위왕

遂備車騎、
수비차기

簡五十人、
간오십인

趨於其前、
추 어 기 전

왕 상 1:6

彼乃後押沙龍而生、
피 내 후 압 사 룡 이 생

姿容甚美、
자 용 심 미

其父未嘗使之不樂、
기 부 미 상 사 지 불 악

曰、
왈

爾何行此、
이 하 행 차

왕 상 1:7

亞多尼雅、
아 다 니 아

與洗魯雅子約押、
여 세 로 아 자 약 압

及祭司亞比亞他
급 제 사 아 비 아 타

同議、
동 의

二人從而助之、
이 인 종 이 조 지

왕상 1:8

惟祭司撒督、
유 제 사 살 독

及耶何耶大子
급 야 하 야 대 자

比拿雅、
비 나 아

先知拿單、
선 지 나 단

示每、
시 매

利以、
리 이

曁大衛之勇士、
기 대 위 지 용 사

皆弗從之、
개 불 종 지

왕상 1:9

亞多尼雅在隱
아 다 니 아 재 은

羅結側、
라 결 측

瑣希列石旁、
쇄 희 열 석 방

宰牛羊肥畜、
재 우 양 비 축

請其兄弟、
청 기 형 제

王之諸子、
왕 지 제 자

及王臣僕猶大衆、
급 왕 신 복 유 대 중

왕상 1:10

惟先知拿單、
유 선 지 나 단

與比拿雅、
여 비 나 아

及衆勇士、
급 중 용 사

曁弟所羅門、
기 제 소 라 문

俱不請焉、
구 불 청 언

왕상 1:11

拿單告所羅門母拔示
나 단 고 소 라 문 모 발 시

巴曰、
파 왈

哈及子亞多尼雅爲
합 급 자 아 다 니 아 위

王、
왕

爾未聞之乎、
이 미 문 지 호

我主大衛未之知也、
아 주 대 위 미 지 지 야

왕상 1:12

今請容我爲爾畫策、
금 청 용 아 위 이 화 책

拯爾及爾子所羅門之
증 이 급 이 자 소 라 문 지

命、
명

왕상 1:13

當入覲大衛王、
당 입 근 대 위 왕

告之曰、
고 지 왈

我主我王歟、
아 주 아 왕 여

昔非與婢誓曰、
석 비 여 비 서 왈

爾子所羅門、
이 자 소 라 문

必繼我爲王、
필 계 아 위 왕

而坐我位乎、
이 좌 아 위 호

今亞多尼雅爲王、
금 아 다 니 아 위 왕

何也、
하 야

왕상1:14

爾與王言之際、
이 여 왕 언 지 제

我亦踵入、
아 역 종 입

以證爾言、
이 증 이 언

왕상1:15

拔示巴遂入內室覲
발 시 파 수 입 내 실 근

王、
왕

王甚老邁、
왕 심 로 매

書念女亞比煞侍之、
서 념 녀 아 비 살 시 지

왕상 1:16

拔示巴鞠躬拜王、
밧 시 파 국 궁 배 왕

王曰、
왕 왈

爾何所欲、
이 하 소 욕

왕상 1:17

曰、
왈

我主歟、
아 주 여

昔爾指爾天上帝耶和
석 이 지 이 천 상 제 야 화

華、
화

與婢誓曰、
여 비 서 왈

爾子所羅門、
이 자 소 라 문

必繼我爲王、
필 계 아 위 왕

而坐我位、
이 좌 아 위

왕상1:18
今亞多尼雅爲王、
금 아 다 니 아 위 왕
我主我王不之知也、
아 주 아 왕 불 지 지 야

왕상1:19
彼宰牛羊肥畜甚多、
피 재 우 양 비 축 심 다
請王衆子、
청 왕 중 자
與祭司亞比亞他、
여 제 사 아 비 아 타
及軍長約押、
급 군 장 약 압
惟爾僕所羅門、
유 이 복 소 라 문
彼未請之、
피 미 청 지

왕상1:20
我主我王歟、
아 주 아 왕 여
今以色列衆目仰爾、
금 이 색 열 중 목 앙 이

而待爾言、
이 대 이 언

誰繼我主我王之位、
수 계 아 주 아 왕 지 위

왕상 1:21

不然、
불 연

則我主我王、
칙 아 주 아 왕

與列祖偕眠時、
여 열 조 해 면 시

我與我子所羅門、
아 여 아 자 소 라 문

必視爲罪人矣、○
필 시 위 죄 인 의

왕상 1:22

婦與王言時、
부 여 왕 언 시

先知拿單入、
선 지 나 단 입

왕상 1:23

或告王曰、
혹 고 왕 왈

先知拿單至矣、
선 지 나 단 지 의

拿單旣至王前、
나 단 기 지 왕 전

俯伏於地、
부 복 어 지

왕상1:24

曰、
왈

我主我王、
아 주 아 왕

爾豈言亞多尼雅繼我
이 기 언 아 다 니 아 계 아

爲王、
위 왕

而坐我位乎、
이 좌 아 위 호

왕상1:25

今日彼往、
금 일 피 왕

多宰牛羊肥畜、
다 재 우 양 비 축

請王衆子、
청 왕 중 자

與諸軍長、
여 제 군 장

及祭司亞比亞他、
급 제 사 아 비 아 타

衆飮食於其前、
중 음 식 어 기 전

呼曰、
호 왈

亞多尼雅王萬歲、
아 다 니 아 왕 만 세

왕상 1:26

惟我爾僕、
유 아 이 복

與祭司撒督、
여 제 사 살 독

及耶何耶大子比拿
급 야 하 야 대 자 비 나

雅、
아

曁爾僕所羅門、
기 이 복 소 라 문

彼未請之、
피 미 청 지

왕상 1:27

此豈我主我王所爲、
차 기 아 주 아 왕 소 위

而不示爾僕、
이 불 시 이 복

誰繼我主我王之位
수 계 아 주 아 왕 지 위

乎、
호

왕상 1:28

大衛王曰、
대 위 왕 왈

召拔示巴、
소 발 시 파

遂詣王所、
수 예 왕 소

立於王前、
립 어 왕 전

왕상 1:29

王發誓云、
왕 발 서 운

我指援我生命、
아 지 원 아 생 명

脫於諸難、
탈 어 제 난

維生之耶和華而誓、
유 생 지 야 화 화 이 서

왕상1:30

我既指以色列之祆上
아 기 지 이 색 열 지 천 상

帝耶和華、
제 야 화 화

與爾誓曰、
여 이 서 왈

爾子所羅門、
이 자 소 라 문

必繼我爲王、
필 계 아 위 왕

而坐我位、
이 좌 아 위

今日必如是而行、
금 일 필 여 시 이 행

왕상1:31

拔示巴伏地拜王曰、
발 시 파 복 지 배 왕 왈

我主大衛王萬歲、○
아 주 대 위 왕 만 세

왕상1:32

王曰、
왕 왈

召祭司撒督、
소 제 사 살 독

先知拿單、
선 지 나 단

耶何耶大子比拿雅諳
야 하 야 대 자 비 나 아 예

我、
아

遂至王前、
수 지 왕 전

왕상 1:33

王諭之曰、
왕 유 지 왈

其率爾主之僕、
기 솔 이 주 지 복

令吾子所羅門乘我
령 오 자 소 라 문 승 아

騾、
라

送至基訓、
송 지 기 훈

왕상 1:34

使祭司撒督、
사 제 사 살 독

與先知拿單、
여 선 지 나 단

膏之爲以色列王、

고 지 위 이 색 열 왕

吹角曰、

취 각 왈

所羅門王萬歲、

소 라 문 왕 만 세

왕상 1:35

爾則隨之而上、

이 칙 수 지 이 상

使踐我位、

사 천 아 위

蓋彼代我爲王、

개 피 대 아 위 왕

我立之爲以色列及猶

아 립 지 위 이 색 열 급 유

大之君、

대 지 군

왕상 1:36

耶何耶大子比拿雅

야 하 야 대 자 비 나 아

曰、

왈

阿們、

아 문

願我主我王之祆上帝
원 아 주 아 왕 지 천 상 제

耶和華、
야 화 화

亦如是言之、
역 여 시 언 지

왕상 1:37

耶和華與我主我王
야 화 화 여 아 주 아 왕

偕、
해

願彼亦如是與所羅門
원 피 역 여 시 여 소 라 문

偕、
해

使其國位、
사 기 국 위

較我主大衛王之國位
교 아 주 대 위 왕 지 국 위

尤大、
우 대

왕상 1:38

於是祭司撒督、
어 시 제 사 살 독

先知拿單、
선지나단

耶何耶大子比拿雅、
야하야대자비나아

及基利提人、
급기리제인

比利提人、
비리제인

俱往、
구왕

使所羅門乘大衛王之
사소라문승대위왕지

騾、
라

送至基訓、
송지기훈

왕상 1:39

祭司撒督由幕中、
제사살독유막중

取盛膏之角、
취성고지각

以膏所羅門、
이고소라문

乃吹角、
내취각

民衆呼曰、
민 중 호 왈

所羅門王萬歲、
소 라 문 왕 만 세

왕상1:40
民衆隨之而上、
민 중 수 지 이 상

吹簫、
취 소

欣喜不勝、
흔 희 불 승

呼聲震地、
호 성 진 지

왕상1:41
亞多尼雅及所偕之賓
아 다 니 아 급 소 해 지 빈

客食畢、
객 식 필

咸聞之、
함 문 지

約押聞角聲、
약 압 문 각 성

則曰、
즉 왈

城中喧譁咼故、
성중훤화갈고

왕상 1:42

言時、
언시

祭司亞比亞他子約拿
제사아비아타자약나

單至、
단지

亞多尼雅謂之曰、
아다니아위지왈

入、
입

爾乃善人、
이내선인

必報嘉音、
필보가음

왕상 1:43

約拿單答之曰、
약나단답지왈

我主大衛王、
아주대위왕

已立所羅門爲王、
이립소라문위왕

왕상1:44

遣祭司撒督、
견 제 사 살 독

先知拿單、
선 지 나 단

耶何耶大子比拿雅、
야 하 야 대 자 비 나 아

及基利提人、
급 기 리 제 인

比利提人從之、
비 리 제 인 종 지

使乘王騾、
사 승 왕 라

왕상1:45

祭司撒督、
제 사 살 독

及先知拿單、
급 선 지 나 단

在基訓膏之爲王、
재 기 훈 고 지 위 왕

由彼歡呼而上、
유 피 환 호 이 상

擧邑響應、
거 읍 향 응

爾所聞之喧譁此也、
이 소 문 지 훤 화 차 야

왕상 1:46

今所羅門踐其國位、
금 소 라 문 천 기 국 위

왕상 1:47

王之臣僕至、
왕 지 신 복 지

祝我主大衛王曰、
축 아 주 대 위 왕 왈

願爾祆上帝、
원 이 천 상 제

使所羅門之名、
사 소 라 문 지 명

較爾名尤尊、
교 이 명 우 존

其國位、
기 국 위

較爾國位尤大、
교 이 국 위 우 대

王乃俯伏於牀、
왕 내 부 복 어 상

왕상 1:48

曰、
왈

以色列之祆上帝耶和
이 색 열 지 천 상 제 야 화

華、
화

宜頌美焉、
의 송 미 언

賜我一人、
사 아 일 인

今日坐於我位、
금 일 좌 어 아 위

俾我目擊、
비 아 목 격

왕상 1:49

亞多尼雅賓客、
아 다 니 아 빈 객

恐懼而起、
공 구 이 기

各行其途、
각 행 기 도

왕상 1:50

亞多尼雅畏所羅門、
아 다 니 아 외 소 라 문

亦起、
역 기

往執壇角、
왕 집 단 각

왕상 1:51

或告所羅門曰、
혹 고 소 라 문 왈

亞多尼雅畏王、
아 다 니 아 외 왕

執壇角曰、
집 단 각 왈

所羅門王、
소 라 문 왕

今日當與我誓、
금 일 당 여 아 서

不以刃殺其僕、
불 이 인 살 기 복

왕상 1:52

所羅門曰、
소 라 문 왈

如其爲善人、
여 기 위 선 인

則彼之一髮、
칙 피 지 일 발

不隕於地、
불 운 어 지

如其作惡、
여 기 작 악

則必死亡、
칙 필 사 망

왕상1:53

所羅門王遣人
소 라 문 왕 견 인

自壇擕之下、
자 단 휴 지 하

至則拜王、
지 칙 배 왕

所羅門謂之曰、
소 라 문 위 지 왈

可歸爾家、
가 귀 이 가

列王紀上 第二章
열 왕 기 상 제 이 장

왕상2:1

大衛逝世之期伊邇、
대 위 서 세 지 기 이 이

乃囑其子所羅門曰、
내 촉 기 자 소 라 문 왈

왕상2:2

我今將行擧世
아 금 장 행 거 세

必行之路、
필 행 지 로

當强乃志、
당 강 내 지

爲大丈夫、
위 대 장 부

왕상 2:3

遵守爾祆上帝
준 수 이 천 상 제

耶和華之命、
야 화 화 지 명

行其道途、
행 기 도 도

循其典章誡命、
순 기 전 장 계 명

律例法度、
률 례 법 도

依摩西律所載、
의 마 서 률 소 재

俾爾無論何爲何往、
비 이 무 론 하 위 하 왕

咸得利達、
함 득 리 달

왕상 2:4

致耶和華應其指
치 야 화 화 응 기 지

我所言曰、
아 소 언 왈

若爾子孫、
약 이 자 손

愼其道途、
신 기 도 도

一心一意行於我前、
일 심 일 의 행 어 아 전

眞實無妄、
진 실 무 망

則爾必不乏人、
칙 이 필 불 핍 인

踐以色列國位、
천 이 색 열 국 위

왕상 2:5

昔洗魯雅子約押、
석 세 로 아 자 약 압

所行於我、
소 행 어 아

殺以色列軍長二人、
살 이 색 열 군 장 이 인

尼珥子押尼珥、
니 이 자 압 니 이

益帖子亞瑪撒、
익 첩 자 아 마 살

於綏安之日、
어 수 안 지 일

流戰鬪之血、
류 전 두 지 혈

以染所束之紳、
이 염 소 속 지 신

所著之履、
소 저 지 리

爾所知也、
이 소 지 야

왕상 2:6

當循爾智而行、
당 순 이 지 이 행

不容其白首
불 용 기 백 수

安然歸墓、
안 연 귀 묘

왕상 2:7

昔我避爾兄
석 아 피 이 형

押沙龍時、
압 사 룡 시

基列人巴西萊
기 열 인 파 서 래

衆子來迓、
중 자 래 아

爾當恩待之、
이 당 은 대 지

使與同席而食、
사 여 동 석 이 식

왕상 2:8

我往瑪哈念時、
아 왕 마 합 념 시

巴戶琳人、
파 호 림 인

便雅憫族、
편 아 민 족

基拉子示每、
기 랍 자 시 매

以厲詞詛我、
이 려 사 저 아

厥後迎我於約但、
궐 후 영 아 어 약 단

我指耶和華而誓、
아 지 야 화 화 이 서

必不戮之以刃、
필 불 륙 지 이 인

왕상2:9

勿寬其罪、
물 관 기 죄

爾乃哲人、
이 내 철 인

知所當爲、
지 소 당 위

使其白首流血歸墓、
사 기 백 수 류 혈 귀 묘

왕상2:10

大衛與列祖偕眠、
대 위 여 열 조 해 면

葬於大衛城、
장 어 대 위 성

왕상2:11

大衛治以色列
대 위 치 이 색 열

四十年、
사 십 년

在希伯崙七年、
재 희 백 륜 칠 년

在耶路撒冷
재 야 로 살 랭

三十三年、
삼 십 삼 년

왕상2:12

所羅門踐其父
소 라 문 천 기 부

大衛之位、
대 위 지 위

其國甚固、○
기 국 심 고

왕상2:13

哈及子亞多尼雅、
합 급 자 아 다 니 아

詣所羅門母拔示巴、
예 소 라 문 모 발 시 파

拔示巴曰、
발 시 파 왈

汝爲平康而來乎、
여 위 평 강 이 래 호

曰、
왈

爲平康也、
위 평 강 야

왕상2:14

又曰、
우 왈

我有事告爾、
아 유 사 고 이

曰、
왈

其言之、
기 언 지

왕상2:15

曰、
왈

國原屬我、
국 원 속 아

以色列衆咸仰望我、
이 색 열 중 함 앙 망 아

慾我爲王、
욕 아 위 왕

乃爾所知、
내 이 소 지

惟今反歸我弟、
유 금 반 귀 아 제

乃由於耶和華也、
내 유 어 야 화 화 야

왕상2:16

今有一事求爾、
금 유 일 사 구 이

請毋辭、
청 무 사

曰、
왈

其言之、
기 언 지

왕상2:17

曰、
왈

請爾求所羅門王、
청 이 구 소 라 문 왕

以書念女亞比
이 서 념 녀 아 비

煞予我爲妻、
살 여 아 위 처

彼必不拒、
피 필 불 거

왕상2:18

拔示巴曰、
발 시 파 왈

善、
선

我必與王言之、
아 필 여 왕 언 지

왕상 2:19

拔示巴遂詣
발 시 파 수 예

所羅門王、
소 라 문 왕

爲亞多尼雅言之、
위 아 다 니 아 언 지

王起、
왕 기

迎而拜之、
영 이 배 지

復坐於位、
복 좌 어 위

命爲王母設座、
명 위 왕 모 설 좌

乃坐於其右、
내 좌 어 기 우

왕 상 2:20

母曰、
모 왈

我有瑣事求爾、
아 유 쇄 사 구 이

請勿拒、
청 물 거

王曰、
왕 왈

我母、
아 모

請言之、
청 언 지

我必不拒、
아 필 불 거

왕상2:21

曰、
왈

請以書念女亞比煞、
청 이 서 념 녀 아 비 살

予爾兄亞多尼雅
여 이 형 아 다 니 아

爲妻、
위 처

왕상2:22

王謂母曰、
왕 위 모 왈

爾爲亞多尼雅求書念
이 위 아 다 니 아 구 서 념

女亞比煞、
녀 아 비 살

曷故、
갈 고

彼爲我兄、
피 위 아 형

爾其爲之求國、
이 기 위 지 구 국

並爲祭司亞比亞他、
병 위 제 사 아 비 아 타

與洗魯雅子約押求
여 세 로 아 자 약 압 구

之、
지

왕상 2:23

所羅門乃指耶和華而
소 라 문 내 지 야 화 화 이

誓曰、
서 왈

亞多尼雅言此、
아 다 니 아 언 차

是自喪其命、
시 자 상 기 명

不然、
불 연

願祆上帝罰我維倍、
원 천 상 제 벌 아 유 배

왕상2:24

維生之耶和華堅立
유 생 지 야 화 화 견 립

我、
아

使踐我父大衛之位、
사 천 아 부 대 위 지 위

依其所許、
의 기 소 허

爲我建立家室、
위 아 건 립 가 실

我指之而誓、
아 지 지 이 서

亞多尼雅、
아 다 니 아

今日必致之死、
금 일 필 치 지 사

왕상2:25

遂遣耶何耶大子比拿
수 견 야 하 야 대 자 비 나

雅擊斃之、
아 격 폐 지

왕상2:26

王謂祭司亞比亞他
왕 위 제 사 아 비 아 타

曰、
왈

歸亞拿突、
귀아나돌

返爾田畝、
반이전무

爾原當死、
이원당사

惟爾在我父大衛前、
유이재아부대위전

舁主耶和華之匱、
여주야화화지궤

又與我父共苦、
우여아부공고

此時我不殺爾、
차시아불살이

왕상 2:27

遂黜亞比亞他、
수출아비아타

不容其爲耶和華祭
불용기위야화화제

司、
사

應耶和華在示羅、
응야화화재시라

論以利家所言、
론 이 리 가 소 언

왕상2:28

昔約押不從押沙龍、
석 약 압 불 종 압 사 룡

乃從亞多尼雅、
내 종 아 다 니 아

聞此音耗、
문 차 음 모

則遁於耶和華幕、
칙 둔 어 야 화 화 막

而執壇角、
이 집 단 각

왕상2:29

或告所羅門王曰、
혹 고 소 라 문 왕 왈

約押遁於耶和華幕、
약 압 둔 어 야 화 화 막

今在壇側、
금 재 단 측

所羅門遣耶何耶大子
소 라 문 견 야 하 야 대 자

比拿雅曰、
비 나 아 왈

爾往擊之、
이 왕 격 지

왕상 2:30

比拿雅至耶和華幕、
비 나 아 지 야 화 화 막

謂約押曰、
위 약 압 왈

王命爾出、
왕 명 이 출

曰、
왈

否、
부

我死於此、
아 사 어 차

比拿雅以約押所答復
비 나 아 이 약 압 소 답 복

王、
왕

왕상 2:31

王曰、
왕 왈

如其言而行、
여 기 언 이 행

擊而葬之、
격 이 장 지

俾約押無故流人之
비 약 압 무 고 류 인 지

血、
혈

其血不歸於我、
기 혈 불 귀 어 아

及我父家、
급 아 부 가

왕상 2:32

彼刃擊二人、
피 인 격 이 인

較己尤義尤善者、
교 기 우 의 우 선 자

卽以色列軍長、
즉 이 색 열 군 장

尼珥子押尼珥、
니 이 자 압 니 이

猶大軍長、
유 대 군 장

益帖子亞瑪撒、
익 첩 자 아 마 살

我父大衛不之知也、
아 부 대 위 불 지 지 야

耶和華必使約押所流
야 화 화 필 사 약 압 소 류

之血、
지 혈

歸於其首、
귀 어 기 수

왕상 2:33

此血必永歸約押、
차 혈 필 영 귀 약 압

及其苗裔之首、
급 기 묘 예 지 수

惟綏安由耶和華、
유 수 안 유 야 화 화

永歸大衛、
영 귀 대 위

曁其苗裔、
기 기 묘 예

與家及國、
여 가 급 국

왕상 2:34

耶何耶大子比拿雅、
야 하 야 대 자 비 나 아

遂往擊斃之、
수 왕 격 폐 지

葬於其第、
장 어 기 제

在於曠野、
재 어 광 야

왕상 2:35

王立耶何耶大子比拿
왕 립 야 하 야 대 자 비 나

雅、
아

代之爲軍長、
대 지 위 군 장

使祭司撒督、
사 제 사 살 독

代亞比亞他、
대 아 비 아 타

왕상 2:36

王遣人召示每至、
왕 견 인 소 시 매 지

諭之曰、
유 지 왈

爾當建室於耶路撒冷
이 당 건 실 어 야 로 살 랭

居之、
거 지

勿出而他往、
물 출 이 타 왕

왕상2:37

當知爾出濟汲淪溪、
당 지 이 출 제 급 륜 계

其日必死、
기 일 필 사

爾血歸於己首、
이 혈 귀 어 기 수

왕상2:38

示每曰、
시 매 왈

斯言善也、
사 언 선 야

我主我王所命、
아 주 아 왕 소 명

僕必遵行、
복 필 준 행

於是示每久居耶路撒
어 시 시 매 구 거 야 로 살

冷、
랭

왕상2:39

越三年、
월 삼 년

其僕二人、
기 복 이 인

遁於迦特王、
둔 어 가 특 왕

瑪迦子亞吉所、
마 가 자 아 길 소

或告之曰、
혹 고 지 왈

爾僕在迦特、
이 복 재 가 특

왕상 2:40

示每起、
시 매 기

備驢、
비 려

往迦特亞吉所、
왕 가 특 아 길 소

尋獲其僕、
심 획 기 복

攜之而返、
휴 지 이 반

왕상 2:41

或告所羅門、
혹 고 소 라 문

示每離耶路撒冷、
시 매 리 야 로 살 랭

往迦特而返、
왕 가 특 이 반

왕상2:42

王遣人召之曰、
왕 견 인 소 지 왈

我非使爾指耶和華而
아 비 사 이 지 야 화 화 이

誓、
서

又戒爾云、
우 계 이 운

當知爾出而他往、
당 지 이 출 이 타 왕

其日必死乎、
기 일 필 사 호

爾對曰、
이 대 왈

我所聞者善也、
아 소 문 자 선 야

왕상2:43

爾何不守指耶和華所
이 하 불 수 지 야 화 화 소

誓、
서

及我戒爾之命乎、
급 아 계 이 지 명 호

왕상 2:44

又曰、
우 왈

昔爾行於我父大衛之
석 이 행 어 아 부 대 위 지

惡、
악

爾心所存、
이 심 소 존

爾悉知之、
이 실 지 지

今耶和華必使爾惡、
금 야 화 화 필 사 이 악

歸於爾首、
귀 어 이 수

왕상 2:45

惟所羅門王、
유 소 라 문 왕

必蒙錫嘏、
필 몽 석 하

大衛之國、
대 위 지 국

在耶和華前、
재 야 화 화 전

恆久鞏固、
긍 구 공 고

왕상2:46

王命耶何耶大子
왕 명 야 하 야 대 자

比拿雅擊之、
비 나 아 격 지

遂出而擊斃之、
수 출 이 격 폐 지

於是國祚、
어 시 국 조

堅定於所羅門手、
견 정 어 소 라 문 수

列王紀上 第三章
열 왕 기 상 제 삼 장

왕상3:1

所羅門與埃及王
소 라 문 여 애 급 왕

法老聯婚、
법 로 련 혼

娶其女、
취 기 녀

攜入大衛城、
휴 입 대 위 성

待建王宮、
대 건 왕 궁

及耶和華室、
급 야 화 화 실

並耶路撒冷四周
병 야 로 살 랭 사 주

之垣竣工、
지 원 준 공

왕 상 3:2

當時因未爲耶和華名
당 시 인 미 위 야 화 화 명

建室、
건 실

民在崇邱獻祭、
민 재 숭 구 헌 제

왕 상 3:3

所羅門敬愛耶和華、
소 라 문 경 애 야 화 화

遵父大衛之典章而
준 부 대 위 지 전 장 이

行、
행

惟獻祭焚香於崇邱、
유헌제분향어숭구

○

왕상 3:4

所羅門往基遍獻祭、
소라문왕기편헌제

在彼之崇邱維大、
재피지숭구유대

王獻牲一千於其壇、
왕헌생일천어기단

以爲燔祭、
이위번제

왕상 3:5

耶和華夜間見夢於所
야화화야간견몽어소

羅門曰、
라문왈

爾欲我錫爾者、
이욕아석이자

可求之、
가구지

왕상 3:6

所羅門曰、
소 라 문 왈

昔爾僕我父大衛、
석 이 복 아 부 대 위

以誠實公義中正、
이 성 실 공 의 중 정

行於爾前、
행 어 이 전

爾循是而施以鴻恩、
이 순 시 이 시 이 홍 은

復加厚惠、
복 가 후 혜

賜之一子、
사 지 일 자

踐乎其位、
천 호 기 위

有如今日、
유 여 금 일

왕상 3:7

我祆上帝耶和華歟、
아 천 상 제 야 화 화 여

汝使爾僕、
여 사 이 복

代父大衛爲王、
대 부 대 위 위 왕

惟我幼衝、
유 아 유 충

不知若何出入、
불 지 약 하 출 입

왕상 3:8

爾之選民乃大、
이 지 선 민 내 대

其數不可勝數、
기 수 불 가 승 수

爾僕居於其中、
이 복 거 어 기 중

왕상 3:9

誰能鞫此衆民、
수 능 국 차 중 민

所賜爾僕智慧之心、
기 사 이 복 지 혜 지 심

爲民折中、
위 민 절 중

而辨是非、
이 변 시 비

왕상 3:10

所羅門求此、
소 라 문 구 차

主悅其言、
주 열 기 언

왕상3:11

祆上帝曰、
천 상 제 왈

因爾求此、
인 이 구 차

不求壽富、
불 구 수 부

亦不求滅敵之命、
역 불 구 멸 적 지 명

惟求智慧以聽訟、
유 구 지 혜 이 청 송

왕상3:12

我依爾所求、
아 의 이 소 구

以聰明智慧之心錫
이 총 명 지 혜 지 심 석

爾、
이

致爾之前、
치 이 지 전

未有如爾者、
미 유 여 이 자

爾之後、
이 지 후

亦未有如爾者、
역 미 유 여 이 자

왕상3:13

爾所未求者、
이 소 미 구 자

我兼賜爾、
아 겸 사 이

卽豐富尊榮、
즉 풍 부 존 영

爾之畢生、
이 지 필 생

列王之中、
열 왕 지 중

無可比儗、
무 가 비 의

왕상3:14

爾若行我道途、
이 약 행 아 도 도

守我典章誡命、
수 아 전 장 계 명

循爾父大衛所行、
순 이 부 대 위 소 행

我必延爾年齡、
아 필 연 이 년 령

왕상3:15

所羅門既寤、
소 라 문 기 오

則知爲夢、
칙 지 위 몽

遂返耶路撒冷、
수 반 야 로 살 랭

立於耶和華約匱前、
립 어 야 화 화 약 궤 전

獻燔祭酬恩祭、
헌 번 제 수 은 제

宴其臣僕、○
연 기 신 복

왕상3:16

時、
시

有二妓至、
유 이 기 지

立於王前、
립 어 왕 전

왕상3:17

其一曰、
기 일 왈

我主歟、
아 주 여

我與此婦同居一室、
아 여 차 부 동 거 일 실

相偕在室、
상 해 재 실

我產一子、
아 산 일 자

왕상3:18

越至三日、
월 지 삼 일

彼亦產子、
피 역 산 자

惟我二人同處、
유 아 이 인 동 처

此外無人與居、
차 외 무 인 여 거

왕상3:19

彼於夜間、
피 어 야 간

壓死其子、
압 사 기 자

왕상3:20

中夜彼起、
중 야 피 기

乘婢尚寢、
승 비 상 침

取我子於我側、
취 아 자 어 아 측

抱於其懷、
포 어 기 회

而置死子於我懷、
이 치 사 자 어 아 회

왕상3:21

昧爽、
매 상

我起哺子、
아 기 포 자

見子已死、
견 자 이 사

迨旦察之、
태 단 찰 지

見其非我所産、
견 기 비 아 소 산

왕상3:22

彼婦曰、
피 부 왈

不然、
불 연

生者我子、
생 자 아 자

死者爾子、
사 자 이 자

曰、
왈

不然、
불 연

死者爾子、
사 자 이 자

生者我子、
생 자 아 자

二人如是訴於王前、
이 인 여 시 소 어 왕 전

왕상 3:23

王曰、
왕 왈

此云生者我子、
차 운 생 자 아 자

死者爾子、
사 자 이 자

彼云不然、
피 운 불 연

死者爾子、
사 자 이 자

生者我子、
생 자 아 자

왕상3:24

王曰、
왕 왈

爲我取刃、
위 아 취 인

則取刃至王前、
칙 취 인 지 왕 전

왕상3:25

王曰、
왕 왈

剖生子爲二、
부 생 자 위 이

各給其半、
각 급 기 반

왕상3:26

生子之母心痛其子、
생 자 지 모 심 통 기 자

告王曰、
고 왕 왈

我主歟、
아 주 여

願以生子給之、
원 이 생 자 급 지

決不可殺、
결 불 가 살

彼婦曰、
피 부 왈
勿歸我、
물 귀 아
勿歸爾、
물 귀 이
剖之可也、
부 지 가 야

왕상3:27

王曰、
왕 왈
彼乃生子之母、
피 내 생 자 지 모
以子予之、
이 자 여 지
決不可殺、
결 불 가 살

왕상3:28

以色列衆聞王所判、
이 색 열 중 문 왕 소 판
知其具有祆上帝
지 기 구 유 천 상 제
之智慧以行鞫、
지 지 혜 이 행 국

遂咸寅畏焉、
수 함 인 외 언

列王紀上 第四章
열 왕 기 상 제 사 장

왕상4:1
所羅門治以色列衆、
소 라 문 치 이 색 열 중

왕상4:2
其臣如左、
기 신 여 좌
撒督子亞撒利亞
살 독 자 아 살 리 아
爲祭司、
위 제 사

왕상4:3
示沙二子、
시 사 이 자
以利何烈亞希亞
이 리 하 렬 아 희 아
爲繕寫、
위 선 사
亞希律子約沙法
아 희 률 자 약 사 법

爲 史 官 、
위 사 관

왕상 4:4

耶 何 耶 大 子 比 拿 雅
야 하 야 대 자 비 나 아

爲 軍 長 、
위 군 장

撒 督 亞 比 亞 他
살 독 아 비 아 타

爲 祭 司 、
위 제 사

왕상 4:5

拿 單 子 亞 撒 利 亞
나 단 자 아 살 리 아

爲 官 吏 之 長 、
위 관 리 지 장

拿 單 子 撒 布 得 爲 相 、
나 단 자 살 포 득 위 상

亦 爲 王 友 、
역 위 왕 우

왕상 4:6

亞 希 煞 掌 宮 闈 、
아 희 살 장 궁 위

亞 比 大 子 亞 多 尼 蘭
아 비 대 자 아 다 니 란

理工役、
리공역

왕상 4:7

所羅門又於以色列
소라문우어이색열

全地、
전지

設官十二、
설관십이

月委其一、
월위기일

爲王及宮廷備食物、
위왕급궁정비식물

왕상 4:8

其名如左、
기명여좌

便戶珥在以
편호이재이

法蓮山地、
법련산지

왕상 4:9

便底甲在瑪迦斯、
편저갑재마가사

沙賓、
사빈

伯示麥、
백 시 맥

以倫伯哈南、
이 륜 백 합 남

왕상4:10

便希悉在亞魯泊、
편 희 실 재 아 로 박

梭哥希弗屬之、
사 가 희 불 속 지

왕상4:11

便亞比拿達在
편 아 비 나 달 재

多珥四境、
다 이 사 경

彼娶所羅門女
피 취 소 라 문 녀

他法爲妻、
타 법 위 처

왕상4:12

亞希律子巴拿、
아 희 률 자 파 나

在他納、
재 타 납

米吉多、
미 길 다

及伯善四境、
급 백 선 사 경

在耶斯列之下、
재 야 사 열 지 하

近撒拉他拿、
근 살 랍 타 나

自伯善至
자 백 선 지

亞伯米何拉、
아 백 미 하 랍

延及約念之外、
연 급 약 념 지 외

왕상4:13

便基別在基列拉末、
편 기 별 재 기 열 랍 말

瑪拿西子睚珥之
마 나 서 자 애 이 지

基列諸邑、
기 열 제 읍

與巴珊之
여 파 산 지

亞珥歌伯境、
아 이 가 백 경

有牆垣銅楗之
유 장 원 동 건 지

大邑六十、
대 읍 육 십

俱屬之、
구 속 지

왕상 4:14

易多子亞希拿達
역 다 자 아 희 나 달

在瑪哈念、
재 마 합 념

왕상 4:15

亞希瑪斯在
아 희 마 사 재

拿弗他利、
나 불 타 리

彼亦娶所羅門女
피 역 취 소 라 문 녀

巴實抹爲妻、
파 실 말 위 처

왕상 4:16

戶篩子巴拿在
호 사 자 파 나 재

亞設及亞祿、
아 설 급 아 록

왕상 4:17

帕路亞子約沙法
파 로 아 자 약 사 법

在以薩迦、
재 이 살 가

왕상4:18

以拉子示每在
이 랍 자 시 매 재

便雅憫、
편 아 민

왕상4:19

烏利子基別在基列、
오 리 자 기 별 재 기 열

卽亞摩利王西宏、
즉 아 마 리 왕 서 굉

巴珊王噩之地、
파 산 왕 악 지 지

此地惟彼爲官、○
차 지 유 피 위 관

왕상4:20

猶大與以色列人、
유 대 여 이 색 열 인

多如海濱之沙、
다 여 해 빈 지 사

飮食歡樂、
음 식 환 악

왕상 4:21

所羅門轄諸國、
소라문할제국

自大河至非利士地、
자대하지비리사지

延及埃及境、
연급애급경

皆納貢服事所羅門、
개납공복사소라문

至其畢生、
지기필생

왕상 4:22

所羅門食物、
소라문식물

日需細麪三十歌珥、
일수세면삼십가이

粗面六十歌珥、
조면육십가이

왕상 4:23

肥牛十、
비우십

草場之牛二十、
초장지우이십

羊一百、
양일백

又有鹿獐赤鹿、
우 유 록 장 적 록

及肥禽、
급 비 금

왕상4:24

大河之西自提弗薩、
대 하 지 서 자 제 불 살

延及迦薩列王、
연 급 가 살 열 왕

皆爲所羅門所轄、
개 위 소 라 문 소 할

四周綏安、
사 주 수 안

왕상4:25

所羅門存日、
소 라 문 존 일

猶大與以色列人、
유 대 여 이 색 열 인

自但至別是巴、
자 단 지 별 시 파

各安居於其葡萄
각 안 거 어 기 포 도

無花果樹下、
무 화 과 수 하

왕상 4:26

所羅門有服車之
소 라 문 유 복 차 지

馬四萬廏、
마 사 만 구

騎兵一萬二千、
기 병 일 만 이 천

왕상 4:27

十二官各按月期、
십 이 관 각 안 월 기

爲所羅門王、
위 소 라 문 왕

及與王同席之
급 여 왕 동 석 지

人備食物、
인 비 식 물

無所缺乏、
무 소 결 핍

왕상 4:28

又攜麰麥蒭蕘而至、
우 휴 모 맥 추 요 이 지

以養馬及捷足之驥、
이 양 마 급 첩 족 지 기

各循其職、○
각 순 기 직

왕상 4:29

祆上帝賜所羅門
천 상 제 사 소 라 문

智慧、
지 혜

明哲、
명 철

宏博、
굉 박

如海濱之沙、
여 해 빈 지 사

不可測焉、
불 가 측 언

왕상 4:30

其智慧超乎東方人、
기 지 혜 초 호 동 방 인

與埃及人、
여 애 급 인

왕상 4:31

其明哲勝於萬人、
기 명 철 승 어 만 인

超乎以斯拉人以探、
초 호 이 사 랍 인 이 탐

及瑪曷子、
급 마 갈 자

希慢、
희 만

甲各、
갑 각

達大、
달 대

其聲名洋溢於
기 성 명 양 일 어

四周之國、
사 주 지 국

왕상 4:32

所羅門作箴三千言、
소 라 문 작 잠 삼 천 언

作詩千有五篇、
작 시 천 유 오 편

왕상 4:33

亦論草木、
역 론 초 목

自利巴嫩之香柏、
자 리 파 눈 지 향 백

及牆上之牛膝草、
급 장 상 지 우 슬 초

又論鳥獸蟲魚、
우 론 조 수 충 어

왕상4:34

天下列王、
천 하 열 왕

聞所羅門之智慧、
문 소 라 문 지 지 혜

其民遂來聽之、
기 민 수 래 청 지

終

板權誌

❀ 聖經筆寫 (第四券 ㊤)

❀ 초판 1 쇄 2017년 08 월 21 일

❀ 聖經筆寫協會 : 編纂委員

❀ 著 : 柳賢授

❀ 펴낸이 : 도서출판 保惠

❀ 출판 등록 제2014-000001 호 (2014.01.03.)

❀ 주소 : 천안시 서북구 하리1길 39

❀ 전화 : 010-2239-0675

❀ ISBN : 979-11-87802-23-5

셋트 ISBN: 979-11-87802-08-2 (전2권)